러시아어문장 번역연습

이주만 편저

대구대학교출판부

· **이주만**

한국외국어대학교 및 同대학원 졸업

전공: 러시아어문법

現 대구대학교 러시아어러시아학과 재직

초　판 | 2009년 2월 27일

지은이 | 이주만

펴낸이 | 이용두

펴낸곳 | 대구대학교출판부

경북 경산시 진량읍 내리리 15 대구대학교출판부

전화 053) 850-8661~4 | 팩스 053) 850-5669

홈페이지 주소 | http://press.daegu.ac.kr/

찍은곳 | 동아문화사

ISBN 978-89-7794-506-7-93790

값 8,000원

머리말

러시아어는 단어 그 자체의 형태에 의해 문법적 관계를 표시하는 언어이다. 바꾸어 말하면, 러시아어의 文(sentence)에 있어서 단어와 단어와의 관계를 알기 위해서는 語形변화를 알지 않으면 안 된다. 따라서 우리는 러시아어를 공부할 때, 기초과정에서 語形변화의 암기부터 시작하게 된다.

그러나 각각의 단어의 語形변화를 숙지하고 있다 할지라도, 각각의 語形변화형이 실제로 文 속에서 다른 단어와의 관계에 있어서 어떠한 기능을 하는가에 대한 지식이 없으면 文의 구조를 분석할 수가 없고, 그렇게 되면, 文이 전달하고자 하는 의미를 파악할 수 없게 된다. 즉, 번역에 오류가 생긴다.

本書는 러시아어 文을 구성하는 요소, 문법적 용어를 빌리면, 文의 성분이 어떠한 품사에 의해, 어떠한 모양으로 표현되고, 어떠한 의미로서 사용되는가를 용례를 통하여 파악하여, 文의 구조에 대한 이해를 높이고, 나아가서는 정확한 의미전달이 가능하도록 하기 위한 목적에서 만들었다.

本書는 대학 교재용으로 만들었기 때문에 발췌한 텍스트의 번역은 싣지 않았다. 그리고 원래 文은 단문이나 복문으로 되어 있지만, 복문은 복수의 단문으로 되어 있는 것이기 때문에 本書에서는 단문의 구조만을 다루었다. 本書에서 다룬 텍스트는 다양한 문체를 연습하기 위하여 학습서뿐만 아니라, 문학작품, 신문, 방송기사, 수필, 서간 등의 여러 장르에서 발췌하였다.

2009년 2월

編者 이 주 만

차 례

略語 설명

«속» : 속　격
«여» : 여　격
«대» : 대　격
«조» : 조　격
«전» : 전치격

復 : 복수

«不定形» : 동사不定形

<無人稱> : 無人稱동사

<집합> : 집합명사

러시아어의 文의 구조

文(sentence)의 성분

1. Весна! (주어만의 文)
2. Тепло. (술어만의 文)
3. Сестра читает. (주어+술어)
4. Сестра читает книгу. (주어+술어+보어)
5. Сестра изучает русский язык. (주어+술어+한정어+보어)
6. Сестра хорошо изучает русский язык.
   (주어+상황어+술어+한정어+보어)

이상은 모두 單文이다. 1.과 2.는 각각 주어와 술어만으로 되어 있고, 3.은 주어와 술어로 성립되어 있다. 4.은 다시 보어가 추가된 형태이고, 5.는 다시 한정어(=수식어)가 추가되어 있다. 6.은 5.에 상황어가 다시 추가되어 있다. 이와 같이 러시아어의 文(sentence)은 다음의 5가지의 성분으로 구성되어 있다.

주요 성분	2차적 성분
주어, 술어	보어, 한정어, 상황어

I. 주요 성분

1. 주어의 표현

주어는 文의 주요 성분으로 다른 文의 성분과 관계없이 кто? 또는 что?에 대하여 대답이 되는 요소이다.

① 주어는 보통 명사 또는 대명사의 주격으로 표현된다.

Прогулки на свежем воздухе вызывают аппетит.
신선한 공기를 마시며 하는 산책은 식욕을 돋운다.

Моё внимание привлекло какое-то незнакомое насекомое. 어떤 알 수 없는 벌레가 나의 주의를 끌었다.

Я буду выступать на семинаре.
나는 세미나에서 발표를 할 것이다.

Никто не опоздает на урок.
수업에 아무도 늦지 않았다.

В его улыбке было что-то детское.
그 사람의 미소에는 어린아이 같은 무언가가 있었다.

Каждый имеет по одной книге.
모두 책 한권씩을 가지고 있다.

② 주어는 주격의 명사화된 형용사, 형동사, 수사로 표현되는 경우도 있다.

Взрослые наблюдали за игрой детей.
어른들은 아이들의 놀이를 관찰하고 있었다.

Будущее светло и прекрасно.
미래는 밝고 멋지다.

Вошедший молча протянул мне письмо.
들어온 사람은 아무 말 않고 나에게 편지를 내밀었다.

Экзаменуемые отвечали быстро и чётко.
수험생들은 신속하고 정확하게 대답하였다.

Пять не делится на два без остатка.
5는 나머지 없이 2로 나눌 수 없다.

③ 주어는 때에 따라서 동사不定形으로 표현된다.

Учиться всегда пригодится.

변학은 항상 도움이 된다.

Следить за своим здоровьем – это для тебя сейчас самое важное.

자신의 건강을 돌보는 것이 지금 너에게 가장 중요한 일이다.

Говорить на чужом языке намного легче, чем понимать живую речи.

외국어로 말하는 것은 살아 있는 말을 이해하는 것보다 훨씬 쉽다.

④ 주어는 語群(словосочетание)에 의한 표현

На занятии присутствуют пять студентов.

수업에는 5명의 대학생이 출석해 있다.

На улицах было много народу.

거리에 사람들이 많이 있었다.

Большинство людей хотело что-нибудь делать.

大多數의 사람들이 무언가를 하고 싶어 하였다.

Некоторые из них поехали в Казахстан.

그 사람들 중의 몇몇은 카자흐스탄으로 출발하였다.

На вокзале меня встретили мать с отцом.

驛으로 나를 마중 나온 사람은 어머니와 아버지였다.

주어의 번역연습

명사 및 대명사

▶ Они вместе учились в медицинском институте на втором курсе. Лена понравилась Андрею ещё на первом курсе.

☞ курс (대학의)학년

▶ Молодые люди при знакомстве у нас вообще не произносят слов «Будем знакомы», просто называют себя и пожимают друг другу руки.

☞ при ≪전≫ ...할 때/ знакомство 通姓名/ вообще 보통, 일반적으로

▶ В день рождения Чайковского и в день его смерти сюда приезжают музыканты и композиторы, и снова звучит музыка Чайковского.

☞ звучать ≪전≫ 들리다, 울리다

▶ Санкт-Петербург – крупнейший культурный центр страны. Какие здесь музеи, театры, библиотеки, институты! Достаточно сказать, что здесь находится знаменитый Пушкинский дом, где хранятся все рукописи поэта. Здесь находится и Эрмитаж – крупнейший художественный музей в стране.

☞ где <관계부사> ..하는 · 한 (장소)/ рукопись 手寫本; 원고

▶ Рассвет только начинается. Погода перед утренней зарёй совершенно прояснилась. Только над речкой расстилается туман. Отяжелевшая от росы трава низко прилегла к земле и блестит серебряными каплями. Предрассветная тишина долго не нарушается никакими звуками. Но вот прибежал ветерок. Небо на вос-

токе заалело. Лес наполнился птичьими голосами. Над горизонтом поднимается огромный диск солнца.
☞ отяжелеть 무거워지다/ от ≪속≫ (원인)..때문에/ лестеть ≪조≫ [..로] 반짝이다, 빛나다/ наполниться ≪조≫ [..로]가득차다

▶ Произведения поэтов, картины знаменитых художников, античные статуи, серьёзная музыка, картины природы составляли её насущную потребность; она жила среди прекрасных образцов, и это отразилось на ней самой.
☞ составлять ...이다/ насущная потребность 절실한 요구/ образец 표본/ отразиться ≪на+전≫ [..에]영향을 주다/ самый (강조)..(그) 자체

▶ Длинный путь преодолевают солнечные лучи прежде чем попасть к нам на землю. Но здесь на земле даёт нам то тепло, которое необходимо для поддержания жизни.
☞ прежде чем ..하기 전에/ попасть ≪в/на+대≫ [장소에]오게 되다/ поддержание жизни 생명의 유지

▶ Зимой в свободное от работы время я часто совершаю небольшие прогулки на лыжах. Это, по-моему, лучший отдых.
☞ свободный ≪от+속≫ [...를]벗어나다, совершать прогулки на лыжах 스키산책을 하다/ по-моему <삽입어> 내 생각으로는

▶ А если сложить в одну линию все автобусные и троллейбусные линии нашей столицы, то длина её составит потчи 2,000(две тысячи) километров: это расстояние от Москвы до Гамбурга.

▶ Вчера я долго ходил по городу в поисках нужной книги, потом работал в лаборатории, а вечером готовился к занятиям. Всё это сильно утомило меня.
☞ в поисках ≪속≫ [..를]찾으러 · 구하러/ готовиться ≪к+여≫ [..의]

준비를 하다

▶ Однажды мы вместе сидели у костра. Сумерки быстро сгущались, поднялся сильный ветер, пошёл дождь. Всё это заставило нас укрыться в палатках.

☞ сгущаться (황혼·어둠 등이) 깊어지다/ подняться ветер 바람이 일다/ заставить ≪대≫≪不定形≫ [..에게][..하는 것을]시키다, 부득이 하게하다

▶ В 12(двенадцать) часов ночи все поднимаются и поздравляют друг друга с Новым годом.

☞ поздравлять ≪대≫≪с+조≫ [..에 대하여] [..를]축하하다

▶ Во взгляде и в манерах было что-то новое, несмелое и виноватое, точно здесь, в доме Туркиных, она уже не чувствовала себя дома.

☞ несмелый 소심한/ виноватый 미안해하는, 잘못을 느끼는

▶ Она увидела Литвинова, и он это заметил: что-то тёмное пробежало по её глазам, но она тотчас же закрылась от него зонтиком.

▶ В одном городе происходило состязание художников. Каждый должен был нарисовать картину, изображающую красоту женщины. Картины эти должны были стоять на главной площади города, чтобы каждый человек, проходя мимо, мог любоваться ими.

☞ каждый 각자, 누구나 다/ должен 틀림없이 ..할 것이다/ любоваться ≪조≫ [..을](감탄하여)바라보다

형용사, 형동사, 수사

▶ Почему-то некоторые считают, что если я хочу знать, как зовут человека, то обязательно проявляю к нему нездоровый интерес.

☞ некоторые 復 몇몇·일부 사람들/ интерес ≪к+여≫ [..에 대한]관심

▶ Испанский аристократ, гостивший в Париже, однажды возвратился в гостиницу, где он остановился, поздно ночью. Он позвонил. Сонный портье выглянул в окно и спросил:— Кто там? — Хуан Родригес Карамба-де-Пепето-и-Гонзалес.— Хорошо, хорошо,— сказал портье,— входите. Только пусть последний из вас не забудет закрыть дверь.
☞ портье (호텔의) 문지기/ пусть (3인칭명령을 나타냄)(..에게)...하도록 해라

▶ В автобусе я ничего не сказал Нине. Когда мы вышли на улицу, я начал считать шаги: один, два, три ... десять... двадцать. Когда будет тысяча, обязательно ей всё скажу.

▶ Скоро первое сентября. Начинается учебный год. В нашем доме многие дети идут в первый класс. Всё лето наш дом готовится к школе. Мамы и бабушки покупают школьные костюмы и платья, портфели, учебники, ручки, тетради, карандаши. А вечером папы и дедушки говорят о школьной жизни.

▶ 1(первого) сентября учащиеся заполняют коридоры и классы наших школ, техникум и вузов.

▶ Приезжие считают долгом, находясь в Москве, проводить вечера в театрах столицы - чтобы было о чём рассказывать друзьям по возвращении.
☞ приезжий 外地에서 온 사람/ считать ≪조≫ [..로]간주하다, 생각하다/ проводить (시간을)보내다/ по ≪전≫ ..한 후에

▶ Не прощаясь у нас не уходят. Даже если в гостиной ещё царит праздничное оживление и все гости заняты песнями, беседой и танцами, каждый уходящий прощается со всей компанией: можете быть уверены, что, те, кто получил удовольствие от вашего общества, заметят ваш уход и выразят сожаление, что вы уходите слишком рано.

☞ даже если (심지어)..할지라도/ праздничное оживление 흥겹고 떠들썩한 분위기/ занятый ≪조≫ [..로]바쁜, 분주한/ прощаться ≪с+조≫ [..와]작별인사를 나누다; 헤어지다/ общество 모임, 집단

▶ Прежде чем переехать со всей своей мебелью и с семьёй, каждый уважающий себя новосёл переделывает всё на свой вкус: может быть, ему не нравится цвет стен в гостиной, а, может, дверные ручки кажутся слишком стандарными.

☞ прежде чем ..하기 前에/ новосёл 새 입주자/ на свой вкус 자신의 취향대로/ может быть <삽입어> 아마도 ..일 것이다/ казаться ≪조≫ [..로]여겨지다, 생각되다/ стандартный 평범한, 흔한

▶ Икону знают образованные люди и верующие. Мы часто слышим от иностранцев, что русская икона — одно из богатств не только русской, но и мировой культуры. Когда-то французский художник Матисс, который приезжал в Россию в 1911-м году, сказал, что русские не понимают, какими художественными богатствами они владеют.

☞ верующий 信者/ богатства 複 재산, 자원/ не только ___, но и ... ___뿐만 아니라, ...도/ художественные богатства 예술적 재산 владеть ≪조≫ [..을]소유하다. 가지다

▶ В назначенный день и час вы подъезжаете к Дворцу бракосочетаний(опаздывать при этом, разумеется, не следует). В зале не так уж много народу: сюда приехали только близкие родственники и друзья жениха и невесты, они будут присутствовать на церемонии, а остальные приглашённые уже сообрались в ресторане и ждут приезда молодых.

☞ в назначенный день и час 정해진 날짜와 시간에/ разумеется <삽입어> 물론, 말할 것도 없이/ не следует <無人稱>≪不定形≫..해서는 안 된

кдать ≪속≫ [..를]기다리다

不定形

Іроводить каждый вечер около четверти часа у ок- своей комнаты вошли у неё в привычку.

/ ≪속≫ 곁에, 부근에; 가까이에/ войти в привычку 습관이 되다.

)ценить такое произведение — значит оценить са- о поэта во всём объёме его творческой деятель- ти.

во всём объёме 전 범위에서/ творческая деятельность 창조 활동

Іем же отличается хорошие, настоящие книги. Да , что они делают нас духовно богаче. Прочитал ювек такую книгу — стал уже чуть добрее и чуть нее, жизнь вокруг себя стал лучше видеть, в лю- лучше разбираться. Пропустить, не прочитать хо- ıую книгу — большая потеря для человека.

)тличаться ≪조≫ [..점에서] 두드러지다, 특색이 있다/ настоящий 석인/ стать ≪不定形≫ ..하기 시작하다/ разбираться ≪в+전≫ 이해 · 하다

Быть учителем — не только великая честь, но и ль же великая ответственность. Всё начинается со олы, а в школе всё начинается с учителем. Моло- м людям, избравшим для себя гордую и трудную фессию учителя, всегда надо помнить, что самоот- женность, самоотдача — наиболее характерные ка- тва педагога.

честь 명예/ столь же 그렇게, 그만큼/ ответственность 책임/ оотверженность 희생/ самоотдача 자기헌신/ характерный 의/ качества 復 자질

▶ Пожалуй, лучше посоветоваться с мамой о том, что подарить жене. Всё-таки надо признаться, что покупать что-нибудь одному, без жены,— нелёгкое дело.
☞ пожалуй <삽입어> 아마도/ лучше <술어> ≪不定形≫ [..하는]쪽이 낫다/ посоветоваться ≪с+조≫ [..와]상의하다/ всё-таки 여하튼

▶ «Не в деньгах счастье», «не с деньгами жить, а с советом, не с богатством, а человеком» — эти представления имеют глубокие корни в нашем сознании. Фраза: «Этот человек умеет делать деньги»— для нас означает, что речь идёт о каком-то не очень честном человеке. Никокому из ваших московских знакомых не придёт в голову похвалить другого, сказав: «Он стоит полтора миллиона».
☞ представления 復 생각/ иметь корни 뿌리를 내리다/ речь идёт ≪о+전≫ [..를]말하다/ прийти в голову (생각이)머리에 떠오르다

語群

▶ Месяц ещё не вставал, и только 2(две) звёздочки, как 2(два) спасительных маяка, сверкали на тёмно-синем своде.
☞ месяц 달(月)/ спасительный маяк 구조등대/ свод 아치

▶ В библиотеке поставили несколько книжных шкафов. Все они совершенно одинаковые и по размеру и по цвету.
☞ и по разумеру и по цвету 크기에서도, 색깔에서도

▶ Летом 1928-го года Алексей Максимович Горький недели 2(две) жил в Ленинграде, на первом этаже в гостинице «Европейская». Много разных людей побывало у него за это время: приходили начинающие писатели за советом и помощью, корреспонденты газет брали интервью. Алексея Максимовича старались сфотографировать бесчисленные фотографы и профессионалы, и любители. Приходили читатели посмотреть на любимого писателя и пожать ему руку.

☞ начинающий писатель 新進작가/ за ≪조≫ (목적) [...를]求하려고, 청하기 위하여/ брать интервью 인터뷰를 하다/ любитель 아마추어 стараться ≪不定形≫ ..하려고 노력하다

▶ Группа молодёжи из Москвы так ответила на вопрос социолога о свободном времени: 53%(процента) из них сказали, что свободного времени не хватает, 45% ответили, что им времени на отдых хватает, а 2% считает, что его очень много. Конечно, у разных людей количество свободного времени разное.

☞ свободное время 한가한 시간/ хватать <無人稱> ≪속≫ [..가]충분하다/ время на отдых 휴가기간

▶ Зимой большинство личных автомобилей стоит безвыездно в тёплых гаражах или на платных стоянках — как правило, с ноября до апреля: ездить зимой по городу непрофессионалу трудно и опасно.

☞ как правило <삽입어> 보통, 대체로

▶ Девять из десяти наших девушек-десяти классниц на вопрос, согласились бы они всецело посвятить себя семье, ответят решительным «Ни за что на свете» Противоположная ситуация (женщина, всецело посвятившая себя работе и не имеющая семьи и детей) также вызовет у них отрицательную реакцию — на этот раз у всех без исключения.

☞ посвятить ≪대≫≪여≫ [..를] [..에]바치다, 희생하다/ ни за что на свете(=не в коем случае) 어떤 일이 있어도/ на этот раз 이번에는 / без исключения 예외 없다

부사, 감탄사 및 기타

▶ С последним ударом кремлёвских часов во всех московских квартирах раздаётся дружное «ура», сопровождаемое выстрелами бутылок шампанского. Новогоднее веселье продолжается, как правило, до утра первого января — с песнями, танцами, пожеланиями друг другу счастья, с весёлыми играми и шуточными концертами. По традиции встреча Нового года — это семейный, домашний праздник: за столом у новогодней ёлки собираются только домашние и самые близкие друзья.

☞ сопровождаться ≪조≫ [..를]동반하다/ веселье 유흥/ как правило <삽입어> 보통은, 원칙적으로는/ по традиции 전통에 따라

▶ Только на одну телеграмму Виктор не ответил. На телеграмму Лиды. Её «Поздравляю, дорогой Витя. Хочу тебя повидать. Может быть, осенью приеду. Не сердись. Лидия» — не вызвало в нём никакой радости.

☞ может быть <삽입어> 아마, ..할지도 모른다

2. 술어의 표현

술어는 文의 주요 성분으로 文法상 주어와 관계가 있다. 술어는 주어가 표시하는 事物의 행위, 상태, 특성, 성질을 나타낸다. 러시아어의 술어에는 單一술어와 合成술어가 있다.

가. 單一술어

單一술어는 직설법, 명령법, 가정법의 單一동사에 의해 표현된다.

Мне очень нравится рассказ Чехова <О любви>.

나는 체홉의 단편소설 <사랑>을 매우 좋아한다.

Я уже привыкла к новой обстановке.

나는 새로운 환경에 이미 익숙해 졌다.

Мы будем отдыхать на юге.

우리들은 남부(지방)에서 휴가를 보낼 것이다.

Мама, ты выслушай меня до конца.

어머니, 내 말을 끝까지 들어 보세요.

Без твоей помощи я не подготовился бы к экзамена. 너의 도움이 없었다면 나는 시험준비는 하지 않았을 것이다.

나. 合成술어

(1) 합성명사술어

합성명사술어는 연사동사(быть) 및 (연사동사에 準하는 동사와 명사(名辭)로 되어있다. 名辭는 다음과 같은 품사에 의해 표현된다.

① 名詞에 의해 표현되는 경우

Луна — это естественный спутник Земли.

달은 지구의 천연의 위성이다.

Когда я был студентом, я писал стихи.

내가 대학생였을 때, 나는 詩를 썼다.

Брат будет лётчиком.

형(오빠)은 조종사가 될 것이다.

Основным материалом литературы является слово.

문학의 기본 자료는 말이다.

② 형용사(長·短어미형, 비교급, 최상급)에 의해 표현된다.

Утро прохладное, росистое.

아침에는 쌀쌀하고, 많은 이슬이 내린다.

Погода была хорошая.

날씨는 좋았다.

Доклад будет содержателен.

발표는 내용이 있을 것이다.

Ночь становился всё темнее и молчаливее.

밤은 점점 어둡고 조용해져 갔다.

③ 피동형동사단어미형, 부사, 수사, 대명사, 동사不定形에 의해 표현된다.

Весенние полевые работы были закончены.

봄에 하는 밭일은 끝났다.

Она замужем.

그 여자는 결혼하였다.

Серёза был первый, кто их увидел.

세료자가 그 사람들을 첫 번째로 보았다.

Кто и что я? Меня очень смущал этот вопос.

내가 누구인가? 이 문제가 나를 매우 혼란하게 하였다.

Жизнь прожить — не поле перейти.

인생을 사는 것은 들판을 건너는 것이 아니다.

④ 語群에 의해 표현되는 경우[1)]

Брат высокого роста.

형(오빠)은 키가 크다.

Море было серого цвета.

바다는 잿빛이었다.

Этот день был один из самых жарких.

그 날은 대단히 더운 하루였다.

---

1) 주어로 사용된 語群은 모두 술어로 사용될 수 있다.

§ 連詞에 준하는 동사

1. быть 이외의 연사로서 다음과 같은 동사들이 사용된다. 이 때, 名辭로 사용되는 명사와 형용사 및 형동사의 장어미는 조격이 된다.

① бывать(종종, 이따금 ..이다)

Ребёнок часто бывает болен.

Осенью лес бывает особенно красивым.

② являться(...이다)

Книги являются источником знаний.

Пушкин является великим русским поэтом.

(являться는 быть와 같은 의미로 사용된다)

③ становиться-стать(...되다)

Ветер становится холоднее.

Погода стала холодной.

④ считаться(...로 여겨지다)

Он считается хорошим специалистом.

Операции на сердце раньше считались невозможными.

⑤ казаться-показаться(...로 여겨지다)

На первый взгляд эта работа кажется лёгкой.

Мне это показалось странным.

⑥ оказываться-оказаться(...로 밝혀지다, ..임을 알게 되다)

Сообщение оказалось неверным.

Результаты оказались лучше, чем я ожидал.

⑦ оставаться-остаться([어떤 상태로] 되다)

Руководитель остался доволен результатами работы.

Он всегда остаётся спокойным в минуту опасности.

2. 상태 또는 운동을 의미하는 동사와 결합된 합성명사술어

술어는 상태를 나타내는 동사(сидеть, лежать, стоять 등) 또는 운동을 나타내는 동사(прийти, вернуться, уехать 등)에 형용사 및 형동사가 결합된 형태로 표현되는 경우가 있다. 이와 같은 결합에 있어서 형용사 또는 형동사는 주격 또는 조격으로 사용되어, 동사의 뒤에 위치한다.

Он две недели пролежал больной.

Он вернулся из санатория окрепшим.

Однажды дед пришёл из города весь мокрый.

Она скоро уехала куда-то, дней через пять явилась

весёлая, живая.

(2) 합성동사술어

① 합성동사술어는 조동사(변화형)[2]와 동사不定法으로 되어 있다.

Мы хотели отохнуть и решили остановиться.

우리들은 쉬고 싶어서 멈추기로 결정하였다.

Мы продолжали молча идти друг подле друга.

우리들은 말없이 계속해서 나란히 걸어갔다.

На тёмном небе начинали мигать звёзды. Мы легко могли различить дорогу.

어두운 하늘에 별들이 반짝이기 시작하여서 쉽게 길을 분별할 수 있었다.

Снег перестал падать.

내리던 눈이 멎었다.

Он попытался встать, но снова упал.

그 사람은 일어나려고 했지만, 다시 쓰러졌다.

② 합성동사술어로서 동사不定形과 함께 형용사단어미가 사용된다.

Сегодня я должен выехать за-границу.

오늘 나는 외국으로 출발하여야 한다.

Мы намерены пробыть здесь не более недели.

우리들은 이곳에서 길어야 1주일 체류할 생각입니다.

Вы обязаны участвовать в конференции.

여러분들은 반드시 학회에 참석해야 합니다.

Я рад вас видеть бодрым и здоровым.

건강하고 활기찬 모습을 보니 기쁩니다.

---

2) 합성동사술어를 이루는 조동사로서는 다음과 같은 것들이 있다. a. 동작의 경과를 나타내는 동사: начинать-начать<..를 시작하다>, приниматься-приняться<(어떤 일에) 착수하다>, продолжать<계속하다>, переставать-перестать<중단하다>, кончать-кончить<끝내다> 등, b. 능력, 동작 완료의 가능성: мочь<..를 할 수 있다>, уметь<..할 줄 안다>, успевать-успеть<..할 시간·여유가 있다>, разучиться<(배운 것을)잊다, 할 수 없게 되다> 등, c. 의도, 희망, 의지: хотеть<..하고 싶다>, желать<원하다>, намереваться<..할 생각이다>, стараться<..하려고 (노력)하다> 등, d. 思考, 內的 체험: думать<..할 생각이다>, надеяться<기대하다> бояться<두려워하다>, стесняться<..를 꺼리다>, стыдиться<사양하다, 스스러워하다> 등, e. 기타: решать(ся)-решить(ся)<결심하다>, любить<좋아하다> 등

Я буду готов приступить к работе.
나는 일을 시작할 준비가 되어 있을 것이다.
Мы согласны помочь.
우리들은 원조에 찬성했다.
Не всякий способен работать 15 часов в сутки.
누구나가 다 하루에 15시간을 일할 수 있는 것은 아닙니다.

③ 이 밖에도 합성동사술어로서 명사와 동사不定形의 결합이 사용된다.
Сейчас я не в состоянии(могу) читать.
지금 나는 책을 읽을 상태가 아니다.
Мы имеем возможность(можем) учиться.
우리들은 배울 수 있다.

술어의 번역연습

單一술어

▶ Во время войны я занимался на курсах переводчиков, а потом окончил русское отделение в Оксфорде. Но после окончания университета преподаю методику, а сам язык почти забыл. Слова как будто помню, а предложения составляю с трудом.

☞ курсы 復 각종학교, 학원, 강습소/ методика 교수법/ как будто ..듯 싶다, ..것 같다/ предложение 文(sentence)

▶ Если вас приглашали на 5(пять) часов вечера, приезжайте не позже половины шестого. Вас к этому времени будут ждать, и вашему приходу будут рады.

☞ к этому времени 그 시간까지/ рад ≪여≫ [..를]기뻐하다

▶ Как изменился бы климат на нашей планете, если бы была построена плотина в Беринговом проливе и Северный Ледовитый океан стал тёплым. С утеплением арктических морей огромный температурный контраст между полюсом и экватором стал бы значительно меньше. На полярных и средних широтах не стало бы долгой холодной зимой, которая так мешает народному хозяйству в Сибири, на Дальнем Востоке, на Чукотке и Аляске, в Канаде. Климат стал бы теплее и мягче. Тёплый влажный воздух Арктики не охлаждал бы, а согревал континенты.

☞ Берингов пролив 베링해협/ Северный Ледовитый океан 北氷洋/ с утеплением 따뜻해짐에 따라/ полюс 極, 極地/ экватор 적도 широта 위도/ мешать ≪여≫ [..를]방해하다/ Арктика 북극지방

합성명사술어

▶ У языков, как и у людей, есть семьи. Самая большая семья — индоевропейская. Английский, греческий, русский, Французский, немецкий, хинди — все эти похожие и непохожие языки из одной индоевропейской семьи.

☞ семья 語族/ индоевропейский 인도유럽語族의

▶ Люди — дети природы. Наша жизнь зависит от неё: от климата, от земли, воды, лесов, полезных ископаемых.. Но сегодня сама природа зависит от человека. Люди берут у неё, что им нужно, но часто забывают о том, природу надо беречь.

☞ зависеть ≪от+속≫ [..에]의존하다/ лес 산림/ полезные ископаемые 유용광물/ забывать ≪о+전≫ [..을]잊다

▶ Сибирь не государство. Сибирь — понятие географическое. Однако издавна эта земля имела что-то вроде столицы. Первой из них Тобольск. Омск в то время был обычной деревней. Железная дорога возвысила Омск и Иркутск и оставила в глушь Тобольск. Новосибирск, который родился около железной дороги, в годы революции был маленьким городком. В нём было около тогда 70,000(семьдесят тысяч) жителей. Сегодня в Новосибирске более миллиона людей. Этот крупный промышленный и культурный центр стал столицей Сибири.

☞ государство 나라, 국가/ вроде ≪속≫ [..과]같은/ в то время 그 때, 그 당시/ железная дорога 철도/ возвысить (지위, 권위 등을) 높이다/ глушь 奧地/ в годы ≪속≫..때・시절에/ промышленный 산업의 культурный 문화의

▶ Нам кажется, что один день похож на другой, но это не так — наша жизнь изменяется очень быстро. В 19(девятнадцатый) век человечество въехало на лошади. Ещё есть люди, помнящие то время, когда лошадь была обычным видом транспорта. Только сто лет назад появились первые электрические лампы, первые автомобили, тракторы...

☞ нам кажется, что.. 우리들에게 ..처럼(что 이하) 여겨지다/ похож ≪на+대≫ [..와]비슷하다/ вид транспорта 교통수단(의 종류)/ назад 前에/ электрическая лампа 전등

▶ Не знаю, кто Вы: дипломат, бизнесмен, инженер, учёный, студент. Во всяком случае Вы смелый человек: начиная изучать русский язык, Вы были уверены, что этот язык — самый трудный язык в мире, и всё же не отсутпили перед трудностями. Теперь Вы знаете, что русский язык не труднее и не легче любого другого языка.

☞ во всяком случае 어쨌든/ всё же 그럼에도 불구하고/ отсутпить ≪перед+조≫ [..에]氣가 꺾이다, 꽁무니를 빼다

▶ В чём заключается идея этого праздника? Показать квартиру? Да все городские квартиры похожи одна на другую. Похвастаться мебелью, люстрами, коврами? Москвичам такое хвастовство не свойственно. Идея новоселья заключается в том, чтобы все, кто тебе близок и дорог, имели возможность порадоваться вместе с тобой.

☞ заключаться ≪в+전≫ [..에]있다/ похвастаться ≪조≫ [..을]자만·자랑하다/ свойственный ≪여≫ [..에게]고유한, 특유한/

▶ Да, сегодня все хотят жить хорошо: красибо одеваться, ездить в дорогих автомобилях, жить в хороших квартирах... И это нормально... Но одних материальных ценностей для человека недостаточно. Не хлебом единым жив человек. Люди ходят в театры, в консерватории, на выставки, читают книги, путешествуют... Я думаю, что культура по-прежнему играет очень важную роль в жизни людей. В стране работают тысячи театров, музеев, клубов...

☞ недостаточно <술어> ≪속≫ [..가]부족하다, 모자라다/ один 오직, ..만/ материальные ценности 物的財貨/ по-прежнему 이전과 같이, 여전히/ играть роль ≪в+전≫ [..에]역할을 하다

▶ В последних числах мая, когда лето уже наступило, когда деревья в цвету, а ночи становятся совсем короткими,— звенит последний звонок в тысячах московских школ. Последний в жизни — для тех, кто в этом году кончает десятый класс и получает школьный аттестат.

☞ в последних числах мая 5월 말에/ в цвету 한창 때이다/ в этом году 올해/ аттестат 졸업증

▶ За революционные стихи по приказу царя Шевченко был отдан в солдаты и сослан. Жизнь в ссылке была очень тяжёлой. Ему не разрешали писать и рисовать. Но и в этих нечеловеческих условиях он продолжал заниматься своими любимым делом.

☞ за (이유)..때문에/ по приказу ≪속≫ [..의]명령에 따라/ отдать в солдаты 군대에 보내다/ в условиях ..상황에서/ заниматься ≪조≫ [..에]종사하다

▶ Выбор блюд в ресторане богатый и разнообразный. В первое время русский обед казался нам очень обильным, а русская пища — жирной и острой, но мы постепенно привыкаем к ней и с удовольствием едим всё, что нам предлагают.

☞ блюдо 요리, 음식/ богатый 풍부하다/ в первое время 처음에는/ жирный 기름진/ острый 매운/ привыкать ≪к+여≫ [..에]익숙해지다

▶ Раньше считали, что животные и растения могут быть полезными или вредными для человека. Поэтому многие виды животных и растений уничтожалась. Сейчас можно услышать и другое мнение: нельзя предвидеть, какое значение для человечества может иметь какой-нибудь вид животных или рас-

тений в будущем. Виды, которые когда-то казались совсем ненужными или вредными, потом становилась очень важными и полезными. Поэтому надо беречь и охранять всё живущее и растущее на нашей планете.
☞ вид 종류, 유형/ иметь значение 의미를 갖다/ в будущем 미래에 / когда-то 언제인가 / живущее 살아있는 것/ растущее 성장하는 것

▶ Телевизор в гостиной(так же, как и радиоприёмник на кухне) стал практически членом каждой нашей семьи.
☞ так же, как и ..과 마찬가지로

▶ Я очень люблю серьёзную музыку, но не стал пианистом, потому что тогда не хватало бы времени на свою музыку. Мне нравится разная музыка — классическая, народная, джаз. Люблю ездить по деревням и записывать народные песни. В них живёт душа народа, и я хочу, чтобы эта душа жила и в песнях новых поколений.
☞ хватать ≪속≫ [..이]부족하다/ народная песня 민요/ душа 정신, 마음, 감정/ поколение 世代

▶ Ресторан считался китайским, но музыка в нём была европейская. — Слушай музыку и старайся получать удовольствие,— сказал Александр.

▶ В больницах, на текстильных фабриках и на часовых заводах работающая женщина также является главной фигурой. Из-за этого возникают и социально-демографические проблемы: так, в городах с традиционно развитым текстильным производством приходится создавать предприятия с мужским характером труда, поскольку невест в таких городах слишком много, а женихов не хватает.
☞ являться ≪조≫ ..이다/ главная фигура 주요 인물/ из-за ≪속≫

(원인).. 때문에/ так, 예를 들어/ текститительное производство 방직 산업/ приходиться <無人稱> ≪不定形≫..해야 한다/ предприятие 기업/ невеста 결혼 적령의 여자/ жинив 결혼 적령의 남자

▶ Она смотрела на толпу большими глазами, ясным, как утреннее небо. Никто никогда не видел такой кросоты. А когда потом люди взглянули друг на друга, им всё <u>показалось скучным и серым</u>.
☞ серый 시시한, 하찮은

▶ Лев Николаевич Тостой каждый день, каждый час трудился. Для него ни один человек, ни одно дело не <u>казалось незначительным</u>. Всё он делал серьёзно. Глубоко думал, внимательно слушал, когда нужно — говорил, когда нужно — молчал.

▶ Сын <u>приходил</u> всегда <u>усталый</u>, всем <u>недовольный</u>. Невестка тоже всегда чем-то была недовольна. Внуки выросли и уехали в город. Без них в доме было тоскливо.

▶ Долго <u>стояли</u> люди, <u>задумчивые и грустные</u>, любуясь прекрасной картиной.
☞ любоваться ≪조≫ [..을] 넋을 잃고 바라보다/ картина 정경, 경치

▶ На фотографии, которую я хорошо знала, он <u>сидел</u> в кресле <u>худой</u> и <u>длинный, похожий</u> на короля Гувиава, а рядом стояла няня.
☞ длинный 키가 큰

▶ Однажды один человек обедал у одной очень экономной дамы. Он <u>встал</u> из-за стола совершенно <u>голодный</u>. Хозяйка любезно сказала — Прошу вас как-нибудь ещё прийти ко мне пообедать. — С удовольствием,— ответил гость,— хоть сейчас.

☞ у ≪속≫ [..의] 집에/ экономный 검소한, 알뜰한/ хоть сейчас 괜찮다면 지금 당장

▶ На рыбную ловлю по воскресеньям выезжает только мужская часть семьи(отец с взрослыми сыновьями), и женщины с большой неохотой помогают им собираться в дорогу. Но зато по возвращении, когда мужчины, усталые, грязные, мокрые, входят в квартиру, радости женщин нет границ. Радуются они не улову, а благополучному возвращению.

☞ по воскресеньям 일요일마다/ с большой неохотой 마지못해/ собираться в дорогу 여행 준비를 하다/ помогать ≪여≫≪不定形≫ [사람이] [..하는 것을]도와주다/ по ≪전≫ ..한 後에, ..하고 나서/ радоваться ≪여≫ [..을]기뻐하다

▶ Московская весна совсем не похожа на парижскую или лондонскую, и на улице может быть холодно и даже морозно. Мне рассказывали об иностраннце, который первого марта вышел на улицу одетый по-весеннему: в костюме сафари с короткими рукавами. Естественно, его прогулка продолжалась недолго.

☞ одетый по-весеннему 봄을 느끼게 하는 옷차림으로

합성동사술어

▶ Есть и такие бабушки, которые, уйдя на пенсию, начинают с увлечением ходить по театрам и музеям, ездить по стране, посещать все возможные лектории и университеты культуры, заниматься спортом — словом, делать всё то, чего не успевали делать в молодые годы.

☞ с увлечением 흥이 나서/ университет 강습소, 학원/ заниматься ≪조≫ [..에]종사하다/ словом <삽입어> 한마디로 말하면/ успевать ≪不定形≫..할 시간이 있다, ..할 수 있다/ в молодые годы 젊었을 때

▶ Через несколько лет лучшие художники Москвы и Петербурга, создавшие демократическое искусство, начали ездить по городам России и организовывать в них выставки картин.
☞ демократическое искусство 서민 · 평민예술/ организовывать выставку 전람회를 열다

▶ Тогда они ушли из Академии и организовали художественную артель. Они стали вместе жить. Их связывали общие интересы и взгляды на искусство. Вместе работавшие, помогавшие друг другу советами, художники создавали прекрасные произведения.
☞ Академия 학술원/художественная артель 예술협동조합/ стать ≪不定形≫ ..하기 시작하다/ общие интересы 공통관심사/ взгляды ≪на+대≫ [..에 대한]견해, 생각, 의견

▶ Если вы почему-то хотите отказаться от приглашения в гости, достаточно сказать:<Извините, но как раз на сегодня у меня билеты в театр>.
☞ отказаться ≪от+속≫ [..를]거절하다/ как раз 마침/ билет в театр на сегодня 오늘 (예정의)극장표

▶ На первом этаже находится администратор, который принимает и размещает приезжающих. Когда мы приехали, администратор сказал ним: «Если вы хотите пойти или поехать на экскурсию, пойти в кино или в театр, встретиться с кем-либо из росийских учёных, писателей или общественных деятелей, вам следует обратиться в бюро обслуживания.»
☞ администратор (호텔의)프런트담당/ приезжаюий (호텔에)온 사람/ экскурсия 관광/ общественный деятель 사회활동가/ следовать <無人稱> ≪不定形≫ ..해야 한다/ обратиться 말을 걸다, 물어보다

▶ Если вы хотите вызвать горничную, надо нажать первую кнопку, официанта из ресторана – вторую, носильщика – третью. У вас также есть телефон. Вы можете разговаривать с городом. Не забудьте только сначала набрать цифру восемь. Кстати, запишите мой домашний телефон. Звоните в любое время, если что нужно.

☞ горничная (호텔의)청소원(room maid)/ кстати <삽입어> 그런데, 말이 났으니 말인데/ в любое время 언제든지

▶ Настоящий театрал может купить билет на самолёт и отправиться на один вечер в Петербург, чтобы побывать на спектакле «Горе от ума» в Большом драматическом театре.

☞ театрал 연극애호가

▶ Учиться считать люди начали в самые древние времена, а учителем у них была сама жизнь. Даже в те времена, когда человек не знал таких слов, как «пять» или «семь», он мог показать числа на пальцах рук. Есть и сейчас на земле такие племена, которые при счёте не могут обойтись без помощи пальцев. Вместо числа пять они говорят «рука», десять «две» руки», а двадцать — «весь человек» тут уж присчитываются и пальцы ног. Так люди начали учиться считать, пользуясь тем, что дала им природа, — собственной пятерней.

☞ в самые древние времена 아주 오랜 옛날에/ при ≪전≫ ..할 때/ счёт 계산/ бойтись без ≪속≫..없이(일이)끝나다/ пользоваться ≪조≫ [..를]이용하다/ пятерня 다섯 손가락

▶ Они умеют слушать рассказы свежего человека и сам охотно делятся своим богатыми жизненным опытом.

☞ свежий 生氣에 넘치는/ делиться ≪조≫ [..를]공유하다

▶ Любитель кино стараются достать абонементы на все фестивальные фильмы(задача, разумеется, невыполнимая, потому что в дни фестиваля фильмы разных стран демонстрируются одновременно в нескольких кинотеатрах).

☞ абонемент на фестивальные фильмы 映畵祭의 관람권/ разумеется <삽입어> 물론

▶ Литература – большая сила. Пушкин, Лермонтов, Шекспир, Байрон говорили на разных языках, говорили с разными людьми, но все они старались сказать человечеству, что оно – человечество. В этом великая роль литературы. В наше время писатель должен думать не только о своём народе, но и о людях всего мира.

☞ что оно – человечество 인간이 무엇인가/ в наше время 오늘날/ не только .., но и__ ..뿐만 아니라, __도

▶ Как и все пожилые люди в мире, они любят немного поворчать, пожаловаться на молодое поколение, которое, по их мнению, слишком, легкомысленно относится к жизни.

☞ как и ..처럼/ пожаловаться ≪на+대≫ [..에 대해]불평하다/ по их мнению 그들의 의견에 따르면/ относиться ≪к+여≫ [..에](어떤 태도를 가지고)대하다, 접하다.

▶ Вы твёрдо решили поехать в Россию и своими глазами увидеть страну, о которой Вы уже так много узнали. Прекрасное решение: лучше один раз увидеть, что сто раз услышать – или прочитать.

☞ лучше <술어> 더 좋다

▶ Мы выходим из театра и останавливаемся у афиши. Что идёт в Большом в следующую субботу? Балет Прокофьева «Ромео и Джульетта». И хотя мы с

Павлом не раз видели этот балет, мы решаем посмотреть его ещё раз — ещё раз послушать волнующую музыку Прокофьева, посмотреть прекрасно поставленные танцы, полюбоваться замечательным искусством мастеров русского балета.

☞ не раз 여러 번/ поставленный 연출된/ любоваться ≪조≫ [..을] 보고 즐기다/ искусство 솜씨, 기량, 수완/ мастер 大家

▶ Он принимал ванну, когда зазвонил телефон. Через дверь было слышно, как жена отвечала: приехал, моется, пожалуйста, попозже. И он уже собирался ложиться, когда телефон зазвонил снова.

☞ собираться ≪不定形≫..하려고 하다

▶ Настоящий интеллигент увлечён своей работой, он «горит на работе», как у нас иногда говорят, во имя работы он способен позабыть об отдыхе и личных удобствах, и нередко его жильё похоже на филиал его рабочего места.

☞ настоящий 진정한, / во имя ≪속≫ [..를] 위하여/ удобство 편리(함), 편의

▶ Но зато воскресенье – это день чистого отдыха. Если вы намерены встретиться в субботу или воскресенье со своими московскими друзьями, договаривайтесь заранее, лучше всего в середине недели, пока их планы ещё окончательно не утверждены.

☞ но зато 그러나/ лучше всего 가장 좋은 것은/ пока не ..하기 전에/ утверждённый 결정된, 확인된

▶ Конечно же там, где движение регулируется, пешеходы обязаны подчиняться сигналам светофоров или регулировщика. Но главное — надо всегда быть предельно бдительным, внимательным, осторожным при переходе улицы, даже если дан разрешающий для перехода сигнал.

☞ движение (교통수단의)운행, 교통/ подчиниться ≪여≫ [..에]따르다 главное 중요한 것은/ при ≪전≫ ..할 때/ даже если 심지어 ..할지라도

▶ Летом мы должны заниматься спортом, загорать, купаться, совершать далёкие прогулки пешком. Всё это поможет вам восстановить и укрепить здоровье.

☞ совершать прогулки 산보·산책하다/ помочь ≪여≫≪不定形≫ [..가][..하는 것을(에)]도와주다, 도움이 되다/ восстановить 회복하다/ укрепить 튼튼하게 하다

▶ И не «Есть ли у вас..», а «Нет ли у вас..»: негативная форма вопроса как бы показывает, что человек готов услышать отказ.

☞ негативная форма вопроса 否定的 형식의 질문/ как бы ..인 것 같다

II. 2차적 성분

1. 보어의 표현

(1) 보어는 보통 전치사와 함께 또는 전치사 없이 斜格(주격 이외의 格)의 명사 또는 대명사로 표현된다.

① 他동사의 직접보어

他동사의 보어를 직접보어라고 부르다. 직접보어는 원칙적으로 전치사 없는 대격이 된다. 그러나 속격(否定속격과 부분속격)이 되는 경우도 있다.

Вчера я встретил на улице школьного товарища.

나는 어제 길에서 學友를 만났다.

Она большую часть юности провела в деревне.

그 여자는 젊은 시절의 대부분을 이 마을에서 보냈다.

Он принёс рукопись и второй раз прочёл повесть.

그 사람은 원고를 가지고 와서, 그 중편소설을 2번째 읽었다.

Чайковский написал 9 опер, несколько балетов.

차이코프스키는 9곡의 오페라와 몇 곡의 발레음악을 작곡했다.

Это предложение не вызывало возражений.

그 제안에는 반대가 없었다.

② 非他동사의 간접보어

他동사 이외의 동사의 보어를 간접보어라고 부른다. 간접보어에는 전치사가 있는 경우와 전치사가 없이 사용되는 경우가 있다.

Этот преподаватель учит нас русскому языку.

그 선생님은 우리들에게 러시아어를 가르친다.

Я вам не верю.

나는 당신을 믿지 않는다.

После наводнения тысячи людей лишились крова.

홍수 이후에 수천명의 사람들이 살 곳을 잃었다.

Эта студентка интересуется русской живописью.

그 여대생은 러시아 그림에 관심이 있다.

Старик заведовал метеослужбой в порту. Он гордился своей профессией.

노인은 항구에서 기상관측업무를 관리하였고, 직업에 자긍심을 가졌었다.

По каким учебникам вы готовитесь к экзаменам?

여러분들은 어떤 교과서로 시험준비를 합니까?

Никто не сомневается в его искренности.

아무도 그 사람의 진심을 의심하지 않는다.

Мы отличаемся друг от друга как внешностью, так и характером.

우리들은 외모뿐만 아니라, 성격에서도 서로 다르다.

③ 명사, 형용사, 술어부사와 관계하는 보어

Я начал изучение русского языка.

나는 러시아어 공부를 시작하였다.

Он говорил о своём увлечении музыкой.

그 사람은 음악에 열중하고 있다고 말했었다.

Он получил благодарность за работу.

그 사람은 일에 대한 감사의 말을 받았다.

Зрители остались довольны спектаклем.

관객들은 연극에 만족하였다.

Кувшин полон молока.

물병은 우유로 가득 차 있다.

Мы были уверены в победе нашей команды.

우리들은 우리 팀의 승리를 확신했었다.

Сын похож на отца.

아들은 아버지를 닮았다.

Я рад случаю поговорить с вами.

당신과 이야기를 할 기회를 얻어 기쁩니다.

Солнце село, и мне уже пора было идти домой.

해가 졌다. 그래서 나는 이제 집에 갈 시간이었다.

(2) 형용사, 형동사, 수사도 보어가 된다.

Мы вспоминали о прошлом.

우리들은 옛날 일을 돌이켜 생각하곤 하였다.

Все посмотрели на вошедшего.
모두들 들어오는 사람을 쳐다보았다.
Нужно разделить четырнадцать пополам.
14를 2로 나누어야 한다.

(3) 명사의 의미로서 사용되는 동사不定形은 보어가 된다.[3)]

Товарищ научил меня прыгать в воду.
친구는 다이빙을 나에게 가르쳐 주었다.
Девочка помогла слепому перейти через улицу.
소녀는 장님이 길을 건너는 것을 도와주었다.
Препдаватель попросил нас принести тетради.
선생님은 우리들에게 공책을 가지고 오도록 부탁하였다.

(4) 語群도 보어가 될 수 있다.

Нам с тобой прислали письма.
나와 너에게 편지가 와 있다.
Охотники принесли несколько убитых уток.
사냥꾼들은 죽은 오리 몇 마리를 가지고 왔다.
У большинства товарищей есть учебник.
多數의 친구들에게 교과서가 있다.
Со многими из студентов я уже знаком.
많은 대학생들과 이미 아는 사이이다.

---

3) 동사不定形을 보어로 취하는 동사로는 다음과 같은 것들이 있다: помогать-помочь<도와주다>, учить-научить<가르치다>, привыкать-привыкнуть <..에 익숙해지다>, готовить-приготовить<준비하다>, рекомендовать <권하다> позволять-позволить<허락하다>, приглашать-пригласить <청하다, 권하다>, предлогать- предложить<제안하다; 권하다> 등.

보어의 번역연습

他동사의 직접보어

▶ Эта красота японской осени временами нарушается тайфунами. Тайфуны разрушают <u>дома</u>, уничтожают <u>посевы</u>, приводят к человеческим жертвам.
☞ временами 때때로, 이따금/ приводить ≪к+여≫ [..를]초래하다

▶ Я не знаю, где и как Вы изучали <u>русский язык</u>: в колледже, в школе, на курсах при культурном центре Российской Федерации в Вашей стране или самостоятельно. Может быть, Вы брали <u>частные уроки</u>. Как бы то ни было, сейчас Вы знаете <u>3,000(три тысячи) русских слов</u> (чуть больше или чуть меньше, Вы не считали) и можете читать <u>эту книгу</u> без словаря.
☞ курсы 復 강습소/ культурный центр 문화원/ брать частные уроки 개인수업을 받다/ как бы то ни было 어찌되었든 간에

▶ По субботам мы обычно навещаем <u>моих родителей</u> (родители Марины жувут в Одессе). Иногда мы ходим в гости к друзьям или приглашаем <u>их</u> к себе. Мы любим <u>музыку и театр</u> и часто ходим в театр и на концерты.
☞ по субботам 토요일마다/ ходить в гости 초대받아 가다

▶ На имена есть мода. Кажется, даже самые красивые имена иногда теряют <u>свою привлекательность</u>, если они встречаются слишком часто.
☞ привлекательность 매력

▶ Эти художники писали <u>портреты и картины</u>, изображавшие русскую жизнь. Это было новое искусство, выражавшее русскую жизнь. Это было новое искусство, выражавшее интересы и стремления народа. Они оказали большое влияние на развитие русского искусства. Хотя Академия продолжала предлогать религиозные темы, в Акκадемии появлялось всё больше и больше картин, в которых художники стремились рассказывать правду о русской жизни.

☞ оказать влияние ≪на+대≫ [..에]영향을 미치다/ развитие 발전/ всё больше и больше 점점 더

▶ Рядом с картами при свете лампы Гарт увидел несколько картин. Они изображали различные виды облаков.

☞ рядом ≪с+조≫ [..의]옆에, 나란히/ при свете лампы 전등 빛 아래에서/ вид 형태, 모양, 모습

▶ Вы познакомитесь с такими любителями кино, которые не пропускают ни одного нового фильма, а также встретите людей , которые считают кино искусством второго сорта. Но наверняка ни один ваш знакомый москвич не скажет вам, что он не признаёт литературы. «Я никогда не читаю книг» — этой фразы вы не услышите.

☞ искусство второго сорта 2등급의 예술

▶ Она не любила большого общества и развлечений, проводила почти всё время дома с детьми, которые очень любили и уважали её.

☞ общество (교제나 활동상의) 모임/ развлечение 오락, 놀이/ проводить время 시간을 보내다

▶ Просто он смотрит на деньги функционально: чтобы делать то-то и то-то, их(денег) нужно ровно столько. Если останется — очень приятно, не останется — не беда. Никакой другой ценности деньги для него не имеют: они не делают человека лучше, умнее, значительнее. «Хорошо, когда они есть,— чтобы о них не думать».

☞ смотреть 간주하다, 대하다/ чтобы ..하기 위하여/ ровно 정확히/ столько 그 정도, 그 만큼/ не беда 대단한 일은 아니다

▶ Одни начинают готовить площадку для волейбола, другие разжигают костёр, девушки готовят завтрак. Здесь мы проводим весь день — купаемся, ловим рыбу, играем в волейбол, бродим по лесу. Каждый находит себе занятие по душе.

☞ одни.., другие.. 어떤(일부)사람들은.., 어떤(일부)사람들은../ занятие 할 일/ по душе 마음에 들다

非他동사의 간접보어

▶ «Хозяйка дома» и «домашняя хозяйка» совершенно разные понятия. Домашняя хозяйка (сокращённо «домохозяйка») занимается только домашней работой и больше нигде не работает.

☞ разный 서로 다른/ заниматься ≪조≫ [..에]종사하다

▶ Это ткань не только очень красива, она обладает чудесным свойством: платья этой ткани не может видеть человека, который плохо справляется со всеми обязанностями или же просто глуп, — для такого человека эти платья становятся невидимыми.

☞ обладать ≪조≫ (성질로서)가지다/ свойство 특성/ справляться со обязанностями 의무를 수행하다

▶ Современный этап научно-технической революции начался с создания микрокомпьютеров и персональных компьютеров. Ими стали пользоваться не только учёные, но и люди, не занимающиеся научной работой. Персональный компьютер скоро будет нужен человеку так же, как телефон и телевизор.

☞ современный 현재의, 현대의/ стать ≪不定形≫ ..하기 시작하다/ пользоваться ≪조≫ [..을]사용하다; 이용하다/ нужен ≪여≫ [..에게]필요하다/ так же, как ..처럼

▶ Правда, между субботой и воскресеньем имеется существенная разница: в субботу дети в школе, хозяйственные и промтоварные магазины открыты, поэтому субботний день многие москвичи посвящают хозяйственным делам. Женщины занимаются уборкой, стиркой, готовится к обеду повкуснее (к приходу детей), мужчины занимаются благоустройством квартиры.

☞ правда <삽입어> 사실/ разница между ≪조≫ [..의] 차이/ хозяйственный магазин 일용품점/ промтоварный магазин 잡화점 посвящать ≪대≫≪여≫ [..를][..에]바치다/ хозяйственное дело 家事/ готовиться ≪к+여≫ 준비하다/ благоустройство 설비개선, 정비, 보수

▶ Вы когда-нибудь видели спортсмена, прыгуна или спринтера, который бы улыбался, изображая восторг во время прыжка или бега? А мы должны в совершенстве вдадеть этим искусством. Добиться этого можно лишь повторением одних и тех же движений каждодневно.

☞ когда-нибудь 前에/ во время ≪속≫ ..할 때/ в совершенстве 완벽하게, 완전히/ владеть ≪조≫ [..을]습득하다/ искусство 기술, 기량/ добиться ≪속≫ [..을](노력하여) 얻다, 달성하다/ один и тот же 같은

▶ Женщины руководят отделами, в которых нередко работают одни мужчины, и такое положение выглядит в наших глазах совершенно нормально.

☞ руководить ≪조≫ [..을]관리하다/ отдел 部署/ один 오직(=только)/ положение 지위

▶ Мой номер на пятом этаже. Окна комнаты выходят на Кремль и Моску-реку. Каждое утро я любуюсь чудесной картиной — разноцветными куполами храма

Василия Блаженного, белокаменным Кремлёвским дворцом, древними стенами и башнями Кремля.
☞ номер (호텔의) 방/ выходить ≪в/на+대≫ [..로]향해 있다/ любоваться ≪조≫ [..을](감탄하여)바라보다/ картина 광경, 정경

▶ С русской кухней вы сможете познакомиться в ресторане «Славянский базар»... Собственно говоря, по названию ресторана почти всегда можно определить, какой кухней он славится.
☞ кухня 음식, 요리/ познакомиться ≪с+조≫ [..와]알게 되다/ собственно говоря 정확하게 이야기해서/ славиться ≪조≫ [..로]유명하다

▶ С кем мы часто дружим? Со своими школьными, институтскими товарищами, реже — с соседями. Но на первом месте среди наших друзей стоят товарищи по работе.
☞ дружить ≪с+전≫ [..와]사이가 좋다/ товариш по работе 직장동료

▶ Вы прекрасно говорите по-русски. Думаю, что вы не нуждаетесь в переводчике, а у меня, увы, не будет возможности поупражняться в английском языке. Я преподаю русский язык в Московском университете, английский язык — моя вторая специальность.
☞ нуждаться ≪в+전≫ [..를]필요로 하다/ упражняться ≪в+전≫ [..을] 연습하다

▶ Как мать, она гордилась красотой дочери, как женщина, Нунция(мать) не могла не завидовать юности. Нина(дочь) встала между ней и солнцем, матери обидно было жить в тени.
☞ как (자격)..로서/ гордиться ≪조≫ [..을]자랑하다/ завидовать ≪여≫ [..을]부러워하다/ обидно <술어> 분하다, 화가 나다

▶ Ведущий свадьбу предлагает молодым обменяться кольцами, и под звуки торжественной музыки новобрачные целуют друг друга и возвращаются к гостям. Здесь они принимают поздравления от родственников и друзей, а фотограф бегает вокруг, делая бесценные снимки, которые будут напоминать об этих торжественных минутах всю жизнь.

☞ ведущий 主導하는 사람/ предлагать 《여》《不定形》 [..에게] [하도록] 권하다, 제안하다/ обменяться 《조》 [..을] 교환하다, 바꾸다/ под музыки 음악에 맞추어/ делать снимки 사진을 찍다/ напоминать 《о+전》 생각나게 하다, 상기시키다

▶ Все люди разные, и некоторые наши пенсионеры прощаются с работой, с товарищами по работе без особой грусти. Особенно это относится к женщинам, которые сразу же после ухода на пенсию посвящают себя целиком своим женским семейным обязанностям: дети уже выросли, зато внуки ждут внимания и ласки со стороны своих бабушек.

☞ прощаться 《с+조》 [..에게] 작별을 고하다/ относиться 《к+여》 ..와 관련이 있다/ семейные обязанности 가정에 대한 의무/ ждать 《속》 [..을] 기대하다/ внимание 관심/ со стороны 《속》 ..(側)으로부터

▶ К счастью, сами работники телевидения вовремя поняли, что домашний экран имеет свою специфику, и телевизионный фильм должен существенно отличается от кинофильма.

☞ телевидение 텔레비젼방송국/ к счастью <삽입어> 다행히/ домашний экран 가정용 스크린/ отличаться от 《속》 [..와] 다르다

▶ Третье — это страсть. Помните, что наука требует от человека всей его жизни, И если у вас было бы две жизни, то и их бы не хватило вам. Большого напряжения и великой страсти требует наука от человека.

☞ третье 3번째/ требовать 《속》 《от+속》 [..로부터] [..을] 요구하다, 기대하다/ хватить 《속》 [..가] 부족하다

▶ В конце войны, когда к городу приближалась Советская Армия, он(Кристо) решил убежать в Турцию. Простые рыбаки радовались своему освобождению от фашизма, а Кристо боялся народного гнева.

☞ радоваться ≪여≫ [..을]기뻐하다/ освобождение ≪от+속≫ [..로부터의] 해방/ бояться ≪속≫ [..을]두려워하다

▶ Республика Корея превратилась в одно из основных мировых торговых государств благодаря последовательному проведению политики более свободной торговли и открытия внутренних рынков, одновременно этим укрепляя свои позиции на мировом рынке.

☞ превратиться ≪в+대≫ [..로]바뀌다/ благодаря ≪여≫ [..의]덕택으로, 힘입어/ проведение 수행, 실시/ свободная торговля 자유무역/ открытие внутренних рынков 국내시장의 개방/ позиция 지위/ мировой рынок 세계시장

▶ 19(девятнадцатый) век нередко называют веком пара и электричества. Это верно. Но как назвать 20(двадцатый) век? 20-й век может называться веком атомной энергии или веком завоевания воздуха и космоса, веком полимерных материалов или веком радио и телевидения, электроники и кибернетики. Наш век характеризуется не только огромным увеличением объёма научных знаний, но и качественным изменением самого характера науки.

☞ полимерный материал 重合材/ кибернетика 사이버네틱스(자동조종학)/ харектеризовася ≪조≫ [..의]특징을 갖다/ объём 규모, 量/ качественное изменение 質的 변화/ самый 바로 그/ характер 성격

▶ В школе я увлекался математикой, посещал кружок, читал дополнителую литературу и особенно любил решать задачи из сборника «Замечательная математика». Всё это помогло мне по-настоящему овладеть предметом.

☞ увлекаться ≪조≫ [..에]열중・몰두하다/ сборник 문제집/ по-настоящему 본격적으로/ овладеть ≪조≫..[을]습득하다, 마스터하다/ предмет 학과목

형용사단어미의 보어

▶ Если ваш собеседник абсолютно равнодушен к спорту, вы найдёте с ним общий язык, беседуя о научно-технической революции(сокращённо НТР — любимая тема бесед наших интеллектуалов), о происхождении Вселенной, о проблемах экологии, об энергетическом кризисе, о летающих тарелках, о пришельцах из космоса, о снежном человеке, о Бермудском треугольнике, о тайне озера Лох-Несс и так далее.

☞ равнодушный ≪к+여≫ [..에]관심이 없다/ общий язык 공통의 화제/ Вселенная 우주/ летаюшая тарелка 미확인비행물체(UFO)/ прищелец из космоса 외계인/ Бермудский треугольник 버뮤다삼각주 / и так далее 등등

▶ Наш женщины, в свою очередь, с большим удовольствием говорят о модах и детях: здесь они похожи на своих подруг во всём мире. Это не значит, что вы не встретите москвички, которая может с увлечением беседовать о летающих тарелках и о североамериканском хоккее.

☞ в свою очередь 자신도 역시/ здесь 이 점에 있어서/ похожий ≪на+대≫ [..와]비슷하다, 닮다/ с увлечением 흥미진진하게

▶ Если человек занят безрадостным трудом, если ему не хочется утром поскорее заняться работой, поскорее увидеться со своими товарищами по работе, — он несчастлив, да, по-видимому, и сам считает себя несчастливым.

☞ занятой ≪조≫ [..에]바쁘다/ заняться ≪조≫ [..을]시작하다, [..에]착수하다/ по-видимому <삽입어> 틀림없이, 아마도/ считать ≪대≫≪조≫ [..을] [..로]여기다, 간주하다

▶ Поэтому лучше не спрашивайте Лидию Павлову, довольна ли она своим равноправием. Ну, разумеется, довольна... пока не слишком устала.

☞ довольный ≪조≫ [..에]만족해하다/ равноправие (남녀의)권리평등/ разумеется <삽입어> 물론/ пока не ..하기 前에

▶ Редкий человек у нас в стране скажет, что он согласен на любую работу: странные, непривычные нашему уху слова.

☞ согласный ≪на+대≫ [..에]승낙하다/ непривычный 익숙지 않은

▶ Япония известна всему миру и своей электронной промышленностью: телевизоры, магнитофоны, электронно-вычислительные машины, видеомагнитофоны, видеокамеры.

☞ известный ≪여≫≪조≫ [..에게] [..으로] 유명하다/ и <강세조사> ..도/ электронно-вычислительная машина 컴퓨터/ видеомагнитофон 비디오테이프레코오더(VTR)/ видеокамера 비디오카메라

▶ Раньше город был по ночам полон огней и жизни, а теперь тишина и темнота.

☞ по ночам 밤마다/ полный ≪속≫ [..로]가득 차다, 넘치다/ огонь 열정 жизнь 생기

▶ Президенты России и Узбекистана Дмитрий Медведев и Ислам Каримов уверены в успехе предстоящих в пятницу двусторонних переговоров. Об этом лидеры двух стран заявили в четверг после осмотра достопримечательностей Самарканда, города, где прошло детство Ислама Каримова. В беседе с ним Медведев поблагодарил за приглашение посетить Узбекистан с государственным визитом, добавив, что уже бывал в Самарканде, который он назвал сокровищницей мировой цивилизации.

☞ уверенный ≪в+전≫ [..을]확신하는, 굳게 믿는/ предстоящий 앞으로 있을; 당면한/ двустороний 상호의/ достопримечательность 명승

고적/ поблагодарить ≪за+대≫ [..에 대하여]고마워하다/ государственный визит 공식방문/ добавить 부언하다/ сокровищница 寶庫

명사의 보어

▶ Использование русскими комплимента как способа для контакта тоже кажется им неестественным.
☞ как способ 수단으로서/ контакт (인간관계로서의)접촉

▶ Изменение социального положения, когда бедный делается богатым или багатый бедным, само по себе не делает человека внутренне иным. Человек может улучшаться или ухудшаться в пределах своего типа, но это не делает его новым.
☞ социальное положение 사회적 지위/ делаться ≪조≫ [..로]되다/ само по себе 그 자체/ внутренне 内的으로/ в пределах своего типа 자신의 타이프·유형의 범위 내에서

▶ Может быть, наши женщины устали от активного социального важного труда и хотят вернуться тихому служению детям и мужу, к тому старинному образу жизни, который когда-то назывался у нас «домостроем»? Нет, ни в коем случае: женское равноправие — это огромная победа нашего образа жизни, и возвращаться назад никто не хочет.
☞ может быть <삽입어> 아마도 ..일 것이다/ от ≪속≫ (원인) ..때문에/ служение ≪여≫ [..에]대한 봉사/ когда-то (과거의)언젠가/ «домострой» 家政訓(일상생활의 규칙이나 규정을 설교한 16세기 러시아의 고전적 도덕서)/ ни в коем случае 어떤 일이 있어도, 결코/ образ жизни 생활양식

▶ У нас долгие годы росло равнодушие к старому, люди терять связь с прошлым страны. Мне трудно это объяснить вам, итальянке, что такое потеря исторической памяти...
☞ равнодушие ≪к+여≫ [..에 대한]無관심/ старое 옛날사물/ прошлое 과거/ память 유물, 기념품

▶ Я преподаватель, читаю курс методики в университете. Мне бы очень хотелось побольше узнать об обучении иностранцев русскому языку в России. У нас в последнее время много пишут о ваших успехах в этой области.

☞ курс (학과 · 강의의) 과정, 코스/ в последнее время 최근에

보어로서의 동사不定法[4]

▶ Разрешите представиться. Михаил Иванович Русин. Меня просили вас встретить и сделать всё возможное, чтобы вам было хорошо в нашей стране. В общем, на две недели я ваш гид и переводчик.

☞ представиться 자기소개를 하다/ в общем 대략

▶ М. Горький всегда рекомендовал начинающим писателям читать русские сказки, знать пословицы своего народа.

☞ начинающий писатель 신진작가/ сказка 옛날이야기

▶ Мама приучила любить и понимать природу. Как хорошо рассказывала она про каждую травинку, про каждую капельку росы! Гуляя с Костей и Серёжей, останавливала их около какого-нибудь цветка или убьющего из-под земли прозрачного родника в овраге и говорила «Смотрите, слушайте».

☞ про ≪대≫ ..에 관하여/ травинка 풀의 줄기/ родник 샘(泉)/ овраг 골짜기, 협곡

---

4) 보어로서 사용되는 동사不定形은, 한정어로 사용되는 동사不定形이 명사를 명확하게 하는 것과는 달리, 항상 동사를 명확하게 한다. 보어로서 사용되는 동사不定形은 자주 어떤 인물의 요청, 부탁, 조언에 의해 다른 인물이 수행하는 동작을 나타낸다.

Преподаватель попросил нас принести тетради.
(попросил은 преподаватель의 동작, принести은 нас의 동작)
Товарищ советовал мне поехать в дом отдыха.
(советовал은 товарищ의 동작, поехать는 мне의 동작)

▶ Многие наши молодые ещё бабушки и дедушки признаются, что даже своих детей не любили так, как любят внуков. И этого понятно: своих детей <u>любить</u> со всей глубиной чувства мешала нехватка времени, мешали служебные заботы.

☞ со всей глубиной чувства 깊은 애정을 가지고/ мешать ≪여≫ ≪不定形≫ [..가] [..하는 것을(에)]방해하다, 방해가 되다/ нехватка 부족/ служебные заботы 업무상의 잡다한 일

▶ На его письменном столе с выцветшим зелёным сукном стояла модель крейсера, на котором он плавал. Вера не позволяли <u>трогать</u> эту модель. И вообще не позволяли ничего <u>трогать</u>.

☞ выцветший 色이 바랜, 퇴색한/ позволять ≪여≫ ≪不定形≫ [..에게] [..하는 것을]허락・허가하다

▶ Мне тяжело теперь вспоминать об этом(он украл у хозяев золотое блюдо) и скрывать мой проступок от дочери: Я её научил не <u>брать</u> ничего чужого.

☞ брать 빼앗다, 탈취하다/ чужой 他人

▶ Мы думаем провести свой отпуск в Прибалтике. В прошлом году там отдыхали мои родители. Зимой отец перенёс тяжёлую болезнь, и врач советовал ему <u>отдохнуть</u> в санатории.

☞ провести отпуск 휴가를 보내다/ перенести (病을)앓다/ тяжёлая олезнь 重病

▶ Хочется верить, что в этой книге Вы найдёте ответы на некоторые Ваши вопросы, и это поможет Вам быстрее и лучше <u>освоиться</u> в нашей столице, <u>найти</u> с москвичами общий язык.

☞ помочь ≪여≫≪不定形≫ [..가] [..하는 것을(에)]도와주다, 도움이 되다/ освоиться 익숙해지다, 적응하다

2. 한정어의 표현

한정어는 항상 명사와 관계하는 것으로, 명사를 수식한다. 한정어에는 2종류가 있다. 性, 數, 格에 있어서 명사와 一致하는 한정어를 一致한정어라고 하고, 一致하지 않는 한정어를 不一致한정어라고 한다. Какой?, Чей?의 대답이 되는 성분이다.

(1) 一致한정어

一致한정어는 명사, 형용사, 형동사, 수사 및 대명사로 표시된다.

В длинные зимние вечера хорошо сидеть в тёплой комнате и вести долгие дружеские беседы.

긴 겨울밤에 따뜻한 방안에서 장시간 친근한 이야기를 나누면 좋다.

Какая холодная зима в этом году. В прошлом году было теплее.

올해 겨울은 대단히 춥다. 작년은 더 따뜻하였다.

Не успели мы добежать до нашего дома, как полил проливной дождь.

우리들이 집에 뛰어 도착하자마자, 폭우가 내리기 시작했다.

В лесу раздался шум падающих деревьев.

숲속에서는 나무가 넘어지는 소리가 들려왔다.

Я с тремя товарищами поспешил домой.

나는 3명의 친구와 함께 서둘러 집으로 갔다.

В темноте я наступил ногой что-то мягкое.

어둠 속에서 무언가 물컹한 것이 발에 차였다.

(2) 不一致한정어

不一致한정어로서는 다음과 같은 품사가 사용된다.

① 전치사 없는 속격, 또는 전치사와 함께 사용된 斜格의 명사

Все сообрались в комнате брата.

모두가 형의 방에 모였다.

Студенты 4-го курса скоро уезжают на практику.

4학년 대학생들은 곧 실습을 떠난다.

По улице шёл пожилой человек лет пятидесяти.

50세 정도의 중년 분이 길을 걸어가고 있었다.

Нам понравилось выступление <u>певицы</u>.
우리들은 여자가수의 연기가 마음에 들었다.
Однажды в дом постучал человек <u>в сером плаще</u>.
언젠가 회색 雨衣를 입은 사람이 집을 노크하였다.
Дверь <u>в коридор</u> была открыта.
복도로 통하는 문은 열려져 있었다.
В этом доме находится общежитие <u>для студентов</u>.
이 건물 안에 대학생용 기숙사가 있다.
Мы пошли в кино с соседом <u>по общежитию</u>.
나는 기숙사 룸메이트와 함께 영화관에 갔다.

② 동사不定法

Наша попытка <u>подняться</u> на крутую гору увенчалась успехом.
우리들의 가파른 산에 오르려고 하였던 시도는 성공하였다.
Он выполнил свое общение <u>приехать</u> к нам летом.
그 사람은 여름에 우리에게 온다고 한 약속을 이행하였다.

③ 형용사비교급 및 부사

Среди нас не было человека <u>веселее его</u>.
우리들 중에는 그 사람보다 더 쾌활한 사람은 없었다.
Принеси мне книгу <u>поинтереснее</u>.
좀 더 재미있는 책을 가져와라.
Меня утомила езда <u>верхом</u>.
나는 말을 타고 하는 여행에 지쳤다.
Аптека находится в доме <u>напротив</u>.
약국은 건너편의 건물 안에 있습니다.

한정어의 번역연습

一致한정어

▶ Россия – огромная страна. Климат и природа на севере и на юге страны разные. На севере зима очень длинная и холодная, а на юге – короткая и тёплая.

В центральном районе России зима начинается в декабре и продолжается три месяца. Зимой на улицах холодно. Всюду лежит снег: на земле, на домах, на деревьях. Солнце зимой светит редко. Зимой обязательно надо иметь тёплые вещи: одежду, обувь, перчатки. В марте начинается весна. Весеннее солнце ярко светит. Небо голубое, чистое. В июне начинается жаркое лето. В школах, в университетах, институтах начинаются летние каникулы. Многие рабочие и служащие отдыхают летом на юге. Там тёплое синее море, высокие горы. На горах лежит белый снег, а на берегах моря растут высокие пальмы. Сентябрь, октябрь, ноябрь – осенние месяцы. В сентябре в лесах, садах очень красиво. Жёлтые листья падают на землю. Дети собирают осенние листья. В октябре и ноябре дуют холодные ветры, часто идут дожди. Начинаются осенние холодные дни. Россия – огромная страна.

▶ Однажды летним утром я и младший брат отправились в лес за грибами. Был ранний час. На улице было тихо. Мы вышли из деревни и по узкой тропинке направились к ближнему лесу. Сначала мы пересекли зелёный луг, потом перешли через спокойную речку и вошли в густой лес. В утреннем лесу стояла тишина. Постепенно лес ожил: просыпались лесные птицы, с ветки на ветку прыгали милые

белки, лёгкий ветерок шевелил ветки молодых деревьев, ласковые лучи солнца осветили верхушки деревьев. Мы быстро набрали полную корзину хороших грибов и к обеду вернулись домой.
☞ за ≪조≫ (목적) [..을]구하러, [..을]가지러/ набрать полную корзину грибов 버섯을 한 바구니 따다

▶ После обеда Наташа, по просьбе князя Андрея, стала петь. Князь Андрей стоял у окна и слушал её. Он смотрел поющую Наташу, и в душе его происходило что-то новое и счастливое. Он был счастлив, и ему вместе с тем было грустно.
☞ по просьбе ≪속≫ [..의]요청・부탁에 의해/ стать ≪不定形≫ [..하기]시작하다

不一致한정어

斜格의 명사류

▶ Я действительно много лет работал с Игорем Васильевичем в институте атомной энергии. Это был человек редкой трудоспособности, огромного таланта и в то же время человек очень простой, скромный. Под его руководством была сооружена первая в мире атомная электростанция в 1954(тысяча девятьсот пятьдесят четвёртом) году.
☞ атомная энергия 원자력/ трудоспособность 노동능력/ в то же время 동시에/ под руководством ≪속≫ [..의]지도・지휘 하에서

▶ Я живу в Москве 30(тридцать) лет, два десятка лет обучаю русскому языку иностранцев, и книга, которая попала к Вам в руки, отражает мой личный опыт — москвича и преподавателя.
☞ обучать ≪여≫≪대≫ [..을] [..에게]가르치다/ десяток 10개/ попасть ≪в+대≫ 우연히 [..로]떨어지다, 들어오다

▶ Мне, коренному москвичу, нелегко было привыкнуть к этой громадине из бетона и стекла, которую построили рядом с кремлёвскими башнями, старинными соборами.
☞ коренной москвич 모스크바 토박이/ громадина 거물/ из ≪속≫(재료·성분)..으로 된

▶ В витринах магазинов мы видели много красивых платьев из шерсти и шёлка.
☞ шерсть 울(wool)/ шёлк 실크(silk)

▶ Дети не пошли в кино, потому что идёт фильм, на который дети до 16(шестнадцати) лет не допускаются.

▶ Однажды я ловил рыбу на небольшом озере с высокими крутыми берегами.

▶ Часто на этих выставках можно было встретить человека с узким бледным лицом и тёмной бородой, внимательно рассматривавшего произведения художников, это был Павел Михайлович Третьяков, московский коммерсант.

▶ Московская весна совсем не похожа на парижскую или лондонскую, и на улице может быть холодно и даже морозно. Мне рассказывали об иностраннце, который первого марта вышел на улицу одетый по-весеннему: в костюме сафари с короткими рукавами. Естественно, его прогулка продолжалась недолго.
☞ одетый по-весеннему 봄을 느끼게 하는 옷차림으로/ естественно 물론, 당연히

▶ Часть сада была вырублена, и в одно лето выросло двухэтажное здание с двумя обширными залами.

Все картины из жилого дома были перенесены в эти залы. В залах были поставлены перегородки, так как стен для картин уже не хватало.

☞ вырубленный (나무를) 베어낸/ один 어떤, 어느/ жилой дом 주택 перегородка 칸막이/ так как 왜냐하면

▶ —Я вижу! —сказал старик и сел на кровати. —Я вижу день, когда я встретился с Мартой и она от смущения разбила кувшин <u>с молоком</u>. Это было зимой, в горах.

☞ встретиться ≪с+조≫ [..와]만나다/ от ≪속≫ (원인)..때문에/ смущение 당혹, 당황

▶ Наконец расставлена мебель, постелены ковры, повешены люстры и шторы, можно звать на новоселье гостей. Устроить такой праздник, на который можно было бы пригласить сразу всех желающих, городские новосёлы, конечно, не в состоянии. Приходится приглашать людей по очереди. В одну партию попадают, например, все родственники, в другую — сослуживцы, в третью — соседи <u>по старому месту жительства</u> (отношения с которыми, кстати, большинство москвичей-новосёлов поддерживает и после переезда — более того, с годами эти отношения становятся более тесными и нередко дружескими), в четвёртую —старинные школьные и институтские друзья.

☞ постелены ковры 양탄자가 깔리다/ устроить праздник 축하행사를 열다/ не в состоянии ≪不定形≫..할 수 없다/ приходиться <無人稱>≪不定形≫..해야 한다/ по очереди 교대로/ партия 그룹, 일행/ место жительства 거주지/ отношения ≪с+조≫ [..와]의 관계・사이/ более того 게다가/ с годами 날이 갈수록

▶ Танцы на льду появились на свет совсем недавно. Официальная дата <u>рождения</u> —1948-й год, но первый мировой чемпионат был проведён лишь в 1952-м году... Мысль о создании спортивных танцев на льду витала над континентом ещё до военные времена. Возникла она у английских тренеров по фигурному катанию. Понадобилось довольно много времени, чтобы сформировался характер будущих спортивных танцев на льду. К 1948-у году ангийские тренеры разработали проект соревнований по танцам, который и был принят за основу на специальной конференции фигурного катания Европы и Америки. Тогда же был создан и специальный комитет по спортивным танцам на льду при Международном союзе конькобежцев. Первым руководителем комитета стал английский спортсмен Р. Уилки, танцевавший прежде в паре с М. Кей. Книга о Кей «Ключ к спортивным танцам на льду», переведенная впоследствии советским тренером Ю. Невским, стала первым учебным пособием по спортивным танцам на льду.

☞ танцы на льду 氷上댄스/ фигурное катание 피겨스케이트/ свет 세상/ соревнование 시합/ за основу 기반으로서/ тогда же 바로 그 때 / специальный комитет по спортивным танцам на льду 氷上스포츠댄스특별위원회/ при 《전》..산하의/ впоследствии 후에, 나중에

▶ Дети постарше видят в телевидении один из главных источников информации, они бросают все дела, чтобы посмотреть мультфильмы, передачи «В мире животных», «Клуб путешественников».

☞ источник информации 情報源/ мультифильм 만화영화, 애니메이션/ передача (방송)프로그램

▶ Он положил трубку на место и, чертыхаясь, пошёл кипятить чай. Уснуть теперь всё равно он не мог. К тому же в доме напротив уже светились три окна.

☞ на место 제자리에/ всё равно 결국은 마찬가지이다/ / к тому же 게다가, 또한, 더욱

동사不定形

▶ Милая моя, часа через 2(два) я уезжаю на север, в Россию. Очень уж здесь холодно, идёт снег, так что нет никакой охоты <u>ехать</u> в Неаполь. Итак, пиши мне теперь в Ялту. Ну, обнимаю тебя и целую крепко. Не забывай. Тебя никто не любит так, как я. (письмо А. Чехова О. Л. Книперу)

☞ так что 그래서

▶ Единый билет даёт право <u>ездить</u> сколько угодно на любом виде городского транспорта, кроме такси, — и вы забудете о проблеме мелочи.

☞ сколько угодно 얼마든지, 원하는 만큼/ на лбюбом виде городского транспорта 도시교통의 모든 수단을 이용하여

▶ Единственная плохая привычка, которую может воспитать телевидение — это привычка <u>смотреть</u> всё подряд.

▶ Пламенное желание моё <u>встретиться</u> с одним из писателей никогда не было исполнено.

☞ пламенное желание 열망

▶ Новый год — это время <u>мечтать</u>, время <u>надеяться</u>, время <u>верить</u> в то, что ничего невозможного нет...

☞ верить ≪в+대≫ [..을]믿다

▶ Комплименты — естественный компонент общения людей, но их говорят и принимают по-разному в различных странах. У голланцев они почти не приняты, так что русские женщины могут не ждать комплиментов от голланских мужчин. Японцев тоже удивляет привычка русских <u>говорить</u> комплименты.

☞ общение 교제/ по-разному 달리, 다르게

▶ Это был человек всесторонне образованный, глубоко понимающий искусство, энтузиаст своего дела. Художники России высоко ценили намерение Третьякова <u>создать</u> национальный музей и свои лучшие произведения стремились поместить в Третьяковскую галерею.

☞ всесторонне 多方面에서/ искусство 예술/ энтузиаст 열중하는 사람/ национальный музей 민족박물관

▶ При вашем умении <u>организовать</u> людей, вы вполне можете взять на себя руководство экспедицией.

☞ при ≪전≫ (조건 · 상황 하에서)..이 있으면/ взять на себя 떠맡다/ руководство ≪조≫ [..에 대한]지도, 지휘/ экспедиция 탐험대

▶ Это слово(пожалуйста) употребляем очень часто. С его помощью можно выразить удивление или возмущение(Скажите, пожалуйста, я и не знал), готовность <u>оказать</u> помощь(Пожалуйста, я вас слушаю), так говорим мы и в ответ на извинение(ничего, пожалуйста) и, конечно, в знак благодарности(Спасибо за помощь. — Пожалуйста).

☞ с помощью ≪속≫ [..의]덕택에/ возмущение 분개/ готовность 용의, 준비/ оказать помощь ≪여≫ [..에]도움을 주다/ в ответ ≪на+대≫..에 대한 대답으로/ в знак ≪속≫ [..의]표시로

▶ Они решили помочь талатливому юноше поступить в Академию художеств. Для этого нужно было освободить его от крепостничества, потому что крепостные крестьяне не имели права <u>учиться</u>.

☞ Академия художеств 예술원/ освободить ≪대≫ ≪от+속≫ [..을] [..으로부터]해방시키다/ крепостничество 농노제/ крепостной крестьянин 농노

▶ Сегодня вы горите желанием поскорее <u>выйти</u> на улицу, <u>посмотреть</u> на людей, <u>послушать</u> русскую речь.

Вполне естественное желание, однако не спешите: посмотрите сначала в окно. Дело в том, что погода у нас очень изменчива, и иногда нельзя с точностью сказать заранее, будет ли сегодня дождь или снег.
☞ горить ≪조≫ [..에](마음이)불타다/ дело в том, что 문제는 ..이다/ с точностью 정확하게

▶ В каждой такой группе(на работе каждый из нас входит в небольшую группу, состоящую обычно из 4-5 (четырёх-пяти) человек имеется свой общепризнанный лидер — человек, пользующийся общим уважением. Здесь ценятся прежде всего деловые качества: трудолюбие, работоспособность, умение быстро разобраться в обстоновке и прийти к верному решению. Особо ценятся моральные качества: отзывчивость, способность прийти на помощь более слабому и неопытному, способность охотно делиться идеями. И напротив, всеобщее неуважение и даже насмешки вызывает стремление постоянно подчёркивать свою личную роль, стремление уйти от ответственности, от трудной и незаметной работы.
☞ состоять ≪из+속≫ [..로]구성되어 있다/ пользоваться ≪조≫ (명성 · 신용 등을)얻다/ прежде всего 무엇보다도 먼저/ деловые качества 실무능력/ разобраться ≪в+조≫ [..을]충분히 이해하다/ моральные качества 도덕(성)/ делиться ≪조≫ [을]서로 교환하다/ идея 생각

▶ Премьер-министр Японии Дзюнъитиро Коидзуми заявил, что не собирается участвовать в предстоящем праздновании Дня Победы в Москве, передаёт ИТАР-ТАСС. Официальная причина, которую озвучил премьер - это занятость. «В настоящее время у меня нет намерения участвовать в празднике. Это будет проблематично, так как по времени совпадает со второй половиной сессии парламента»,— сказал Коидзуми.
☞ собираться ≪不定形≫..하려고 하다/ участвовать ≪в+전≫ [..에]참가

하다/ празднование 祝典의 거행/ в настоящее время 현재/ проблематично 아직 문제로 남아있다, 再考의 여지가 있다/ так как 왜냐하면/ по времени 時期로 볼 때/ совпадать ≪с+조≫ [..와]일치하다/ вторая половина сессии 後半會期

▶ Первое время своего приезда Николай был серьёзен и даже скучен. Его мучила предстоящая необходимость вмешаться в дела хозяйства, для которых мать вызвала его.

☞ вмешаться ≪в+대≫ [..에]개입하다, 말참견을 하다/ дело хозяйства 家事

▶ Настоящий интеллигент – это не узкий специалист : у него хватает душевных сил интересоваться всем, что происходит на нашей планете.

☞ настоящий 진정한/ душевные силы 정신력/ интересоваться ≪조≫ [..에]관심·흥미를 갖다

3. 상황어의 표현

상황어는 행위의 장소, 시간, 원인, 목적, 방법을 나타내는 것으로, 의미에 따라 1)장소상황어, 2)시간상황어, 3)원인상황어, 4)목적상황어, 5)양태상황어로 분류한다.

(1) 장소상황어

장소상황어는 где?<어디에>, куда?<어디로>, откуда?<어디로 부터의 질문에 대답이 되는 것으로, 장소의 부사 및 보통 전치사와 함께 사용되는 斜格(주격 이외의 格)의 명사로 표현된다.

Река виднелась впереди.

강이 전방에 보였다.

Голоса птиц доносились отовсюду.

새들의 소리가 사방에서 들려왔다.

Я повернул ручку двери и вошёл в комнату.

나는 문의 손잡이를 돌리고, 방으로 들어갔다.

В лесу раздался шум падающих деревьев.

숲 속에서 나무가 쓰러지는 소리가 들렸다.

Заяц выскочил из лесу и побежал полем.

토끼가 숲에서 뛰어나와, 벌판을 달리기 시작했다.

На полках аккуратно, по алфавиту, стояли самые разные книги.

선반 위에는 정확하게 알파베트 順으로 각종의 책이 놓여 있었다.

Из-за угла появилась машина скорой помощи.

모퉁이로부터 응급차가 나타났다.

С моря дул свежий ветер.

바다에서 신선한 바람이 불고 있었다.

Море было за горой.

바다는 산 너머에 있었다.

장소상황어로 사용되는 전치사의 용법

格	전 치 사	例 文
속격	близ, возле, около, у<옆에>	Дом находится около(близ/возле/у) станции.
	вокруг <주위에>	Дети бегали вокруг ёлки.
	вдоль <따라서>	Лодка плывёт вдоль побережья.
	среди <사이에>	Домик лесника стоял среди леса.
	против <맞은 편에>	Против окна росло высокое дерево.
	из <(속)으로 부터>	Автомобиль выехал из гаража.
	с <(표면)으로 부터>	Брат пришёл с собрания.
	от <(지점)으로부터>	Лодка плывёт от берега.
	из-за<(뒤)으로부터>	Солнце показалось из-за туч.
	из-под<(밑)으로부터>	Змея выползла из-под камня.
여격	по <(표면)을 따라>	Мы шли по тёмному коридору.
	к <방향으로>	Лодка плывёт к берегу.
대격	за <뒤로>	Продукты положили за окно.
	под <밑으로>	Чемодан поставили под стол.
조격	за <뒤에>	За рекой расстилается поле.
	под <밑에(서)>	Мы отдыхали под деревом.
	перед <앞에>	Перед окном росло высокое дерево.
	над <위쪽에(서)>	Самолёт летит над лесом.
	между <사이에>	Между деревьями стоит скамейка.
전치격	в <(속)에>	Мы гуляли в саду.
	на <(위)에>	Мы сидим на берегу.
	при <부속하여>	При школе есть сад.

(2) 시간상황어

시간상황어는 когда?<언제>, как долго?<얼마동안> как часто? <몇 번>, с каких пор?<언제부터>, до каких пор?<언제까지>, за какой срок?(=за какое время?)<어느 정도의 기간으로>, на какой срок?(=на какое время?)<어느 정도의 예정으로> 등의 질문에 대답이 되는 요소로, 장소의 부사, 전치사 없이 또는 전치사와 함께 사용되

는 斜格의 명사, 부동사 및 부동사적 표현으로 표시된다.

Вернулся я в гостиницу ночью.

내가 호텔에 돌아온 것은 한밤중이였다.

Он приехал надолго.

그 사람은 장기 체재의 예정으로 왔다.

Студенты готовились к экзамену неделю.

대학생들은 시험 준비를 1주일동안 하였다.

Я дам тебе книгу на два дня.

너에게 2주간(예정으로) 책을 빌려 주겠다.

Мы прожили в Крыму с месяц.

우리는 약 1달 동안 크림지방에서 살았다.

В сумерках ничего не было видно.

해질 녘에는 아무것도 보이지 않았다.

После собрания ребята долго не расходились.

집회 후에 아이들은 오랫동안 제각기 흩어지지 않았다.

Он всегда навещаем нас, приезжая в Москву.

그 사람은 모스크바에 올 때는 항상 우리들을 방문합니다.

Он получил письма, придя домой.

그 사람은 집에 오고 나서 그 편지를 받았다.

시간상황어로 사용되는 전치사의 용법

格	전치사	例 文
속격	до <까지>	до урока/ до обеда/ до занятий
	после<後에>	после урока/ после обеда/ после занятий
	снакануне <直前에>	накануне выборов/ накануне праздника
	среди<중간>	проснуться среди ночи
	с <부터>	с девяти часов/ с утра/ с понедельника/ с сентября/ с 1988 года/ с детства
	до <까지>	до десяти часов/ до вечера/ до субботы/ до января/ до 2008 года

여격	к <무렵에>	пришёл к вечеру/ проснулся к утру
	по <마다>	работаю по утрам/ по вечерам/ занимаюсь по целым дням
	к <頃에>	закончу работу к пятнице/ приду к десяти часам
대격	в <..에>	в два часа/ в среду/ в опасный момент/ в трудную минуту/ в весеннюю пору/ в эту зиму/ в эту ночь/ в плохую погоду
	на <..에>	на другой день/ на следующий день/ на третий день/ на будущий год
	через <後>	вернуться через 5 минут/ через два дня/ через неделю/ через месяц/ через год, прийти через 10 минут после звонка
	за(до) <의..前에>	прийти за 5 минут до звонка/ приехать за неделю до начала занятий
	под <무렵에>	вернуться под вечер/ проснуться под утро /встретиться под воскресенье/ под Новый год/ под праздник
	в <(기간)에>	приготовить в одну минуту/ собраться в полчаса/ прочитать книгу в один вечер
	за <(기간)에>	собраться за полчаса/ прочитать книгу в один вечер/ построить дом за год/ выполнить задание за месяц
	на <예정으로>	уехать на неделю/ выйти на минуту/ дать книгу на один вечер
	по <까지>	получить отпуск по 5 сентября включительно
조격	перед<前에>	перед праздником, перед обедом, перед лекцией, перед войной, перед выборами
	между <사이에>	между лекциями, между двумя и пятью, между лекцией и семинаром
	за <..할 때>	читать газету за завтраком, беседовать за чаем, за обедом, за ужином
	с <..와 함께>	просыпаться с зарей, с восходом солнца

전치격	в <..에>	в январе, в начале мая, в середине июня, в конце июля, в 1997 году, в девятнадцатом веке, в прошлом году/ в детстве, в юности, в молодости, в старости
	на <..에>	на этой неделе, на прошлой неделе, на заре, на рассвете, на закате
	по <直後에>	по приезде, по возвращении, по смерти
	при <때에>	при Пётра I , при переходе через улицу, при наступлении весны

(3) 원인상황어

원인상황어는 почему?<왜>, оттого?<왜, 어째서> из-за чего?<무엇 때문에>, по какой причине?<무슨 이유에서> 등의 질문에 대답이 되는 요소로서, 원인의 부사, 전치사와 함께 사용되는 斜格의 명사, 부동사에 의해 표현된다.

Он почему-то не пришёл.

그 사람은 무슨 이유에서인지 오질 않았다.

Уборка урожая не начиналась из-за дождя.

농작물의 수확은 비 때문에 시작하지 못하고 있었다.

Благодаря дождям будет хороший урожай.

비 덕분에 수확은 좋을 것이다.

От страха у неё дрожали руки.

두려움으로 그 여자의 손은 떨고 있었다.

От ветра у него раскраснелись щёки.

바람 때문에 그 사람의 뺨은 빨갛게 되었다.

Я по рассеянности уронил стакан.

부주의로 나는 컵을 떨어뜨렸다.

Он остался с девочкой из жалости к ней.

그 사람은 그 소녀를 가엾게 여겨 소녀와 함께 남았다.

Не застав тебя дома, он оставил записку.

네가 집에 없었기 때문에 메모를 남겨두고 왔다.

Я вынужден был прервать работу, переутомившись.

나는 過勞 상태였기 때문에 일을 중단하지 않으면 안 되었다.

원인상황어로 사용되는 전치사의 의미상의 차이

전치사	용 법	例 文
из-за	좋지 않은 결과의 원인	Уборка урожая не начиналась из-за дождя.<作物의 수확은 비 때문에 시작하지 않았다>
благодаря	좋은 결과의 원인	Благодаря дождям будет хороший урожай. <비 때문에 수확은 좋을 것이다>
от	자신의 의지에 지배받지 않는 필연적인 감정적 및 자연적 원인	дрожать от страха<무서워서 떨다>/ плакать от горя<슬퍼서 울다>/ умереть от голода<굶어 죽다>
с	от의 의미에 가깝다	умереть с голоду(от голода)/ заняться чем-нибудь со скуки<지루해서 ...를 하다>
из	от와는 달리, 동작자의 의식적인 감정이 원인	помогать из сочувствия<동정심에서 도와주다>/ отказаться из гордости<자존심 때문에 거절하다>
по	사람의 개성과 연관된 원인	по небрежности<게으름 때문에>/ по глупости<어리석음 때문에>/ по доброте<선량해서>

원인상황어의 표현에 사용되는 전치사의 용법

전치사	格	例 文
из-за	속격	Дети вчера не гуляли из-за плохой погоды, <아이들은 어제 날씨가 나빴기 때문에 산책을 하지 않았다>/ Из-за тебя я опоздал.<너 때문에 나는 지각했다>/ Они поссорились из-за пустяков.<그 사람들은 사소한 일로 언쟁을 하였다>/ Из-за твоего опоздания мы не успеем закончить работу.<네가 늦었기 때문에 우리들은 일을 끝낼 수 없다>
благодаря	여격	Благодаря теплу и дождям всходы в этом году были ранние.<따뜻함과 비 때문에 올해의 發芽(싹이 틈)는 일렀다>/ Благодаря твоей помощи я уже закончил работу.<네가 도와준 덕분에 나는 벌써 일을 끝냈다>

от	속격	Ребёнок запрыгал от радости.<아이는 기뻐서 펄쩍 뛰었다>/ Все вздрогнули от неожиданности.<모두 意外의 일을 당해 몸을 떨었다>/ Путешественники дрожали от холода.<여행자들은 추워서 떨고 있었다>/ Он ни слова не мог сказать от удивления, от волнения.<그는 놀라움과 흥분 때문에 한마디도 할 수 없었다>/ Голова болит от духоты.<무더워서 머리가 아프다>/ Урожай погиб от засухи.<가뭄 때문에 수확을 망쳤다>/ Трава была мокрая от дождя.<비 때문에 풀이 젖어 있었다>/ Раненый побледнел от боли.<부상자는 통증으로 (얼굴이)창백해 졌다>/ Лица путешественников стали серыми от пыли.<여행자들의 얼굴은 먼지로 잿빛이 되었다>
с(со)	속격	Выпьем с горя.<홧술을 마시자>/ Пропал голос со страха.<무서워서 소리를 낼 수 없었다> С похвал вскружилась голова.<칭찬을 받아 상기되었다>
по	여격	Он не заметил нас по рассеянности.<그는 산만해져 있었기 때문에 우리를 알아 볼 수 없었다>/ Ученик допустил ошибку по небрежности.<학생은 不注意로 실수를 하였다>/ Она сделала много ошибок по неопытности.<그 여자는 미숙하였기 때문에 실수를 많이 하였다>/ Студент отсутствовал по болезни, по уважительной причине.<학생은 아프다고 하는 정당한 이유로 결석하였다>/ Я делаю это по обязанности.<나는 직무상 이 일을 하고 있다>/ Мы опоздали по твоей вине.<너 때문에 우리들은 지각하였다>
из	속격	Из гордости он отказался от помощи.<오만함 때문에 그 사람은 도움을 거절하였다>/ Из скромности он никогда не говорит о своих заслугах.<그 사람은 겸손하여 자신의 공적을 결코 말하지 않는다>/ Из вежливости я выслушал всё до конца.<예의상 나는 끝까지 전부 들었다>/ Он не согласился из принципа.<그 사람은 원칙 때문에(자신의 主義 때문에) 찬성하지 않았다> Я спросил об этом только из любопытства.<나는 단지 호기심에서 그것을 물었다>

(4) 목적상황어

목적상황어는 зачем?<왜, 어째서>, с какой целью?<무슨 목적으로> для чего?<무엇을 위해서>의 질문에 대답이 되는 요소이다. 목적상황어는 목적의 부사, 전치사 для, на, за와 함께 사용되는 명사, 동사不定法[5] 그리고 複文에서 사용되는 чтобы<..하기 위하여>로 표현된다.

Он сделал это назло мне.

그 사람은 나를 짓궂게 하기 위해서 그 일을 한 것이다.

Мы остановились для отдыха.

우리들은 휴식을 취하기 위하여 멈추었다.

Магазин закрыли на ремонт.

상점은 수리를 위해 문을 닫았다.

Во двор привезли кирпич на постройку гаража.

車庫를 짓기 위해 벽돌을 마당으로 운반해 왔다.

Я сбегаю в аптеку за лекарством.

약국에 뛰어가서 약을 가지고 오겠다.

Я вышел на платформу попрощаться с ним.

나는 그 사람과 작별인사를 하기 위해 플랫포옴으로 나왔다.

Я решил поехать к другу поздравить его с днём рождения.

나는 친구의 생일을 축하해 주기 위하여 친구에게 가기로 하였다.

Я пришёл, чтобы сообщить вам об этом.

나는 당신에게 이 일을 알리기 위해서 온 것입니다.

(5) 양태상황어

양태상황어는 как?<어떻게>, каким образом?<어떤 방법으로>의 질문에 대답이 되는 요소이다. 양태상황어는 보통 양태의 부사로 표시된다. 양태상황어로서의 명사는 전치사 없는 조격이나 전치사 с를 동반한 조격 또는, 그 반대의 의미로, 전치사 без를 동반한 속격으로 표시된다. 양태상황어는 부동사로도 나타낼 수 있다.

Я выучил стихотворение наизусть.

나는 詩를 암기하였다.

Он хотел со мной посоветовать наедине.

그 사람은 나와 단 둘이서 이야기를 하고 싶어 하였다.

---

5) 목적상황어로서의 동사不定法은 보통 운동동사와 함께 사용된다.

Летом ребята бегают босиком.
여름에 아이들은 맨발로 뛰어 다닌다.
Он быстрыми, лёгкими шагами пошёл на лестницу
그 사람은 가볍고 바쁜 걸음으로 계단으로 갔다.
Он заснул мётрвым сном.
그 사람은 깊은 잠을 잤다.
Ученик решил задачу с трудом.
학생은 가까스로 문제를 풀었다.
Ученик решил задачу без труда.
학생은 어려움 없이 문제를 풀었다.
Дождь шёл не переставая.
비는 쉬지 않고 내렸다.
Он пел, все слушали его, затаив дыхание.
그 사람은 노래를 불렀고, 모두들 숨을 죽이고, 듣고 있었다.

상황어의 번역연습

장소상황어

▶ <u>В широкой казахстанской степи</u>, <u>на берегу реки Или</u>, запылало множество костров.

▶ Люди едят везде. Едят <u>дома, на улице, на работе, в театре, в кино</u>, едят <u>на станциях и пароходах, в вагонах и на вокзалах</u>, помаленьку стали есть даже <u>в воздухе</u>. В связи с тем, что человек ест, где только возможно, это правда, что люди считают пищу источником жизни человека.

☞ в связи ≪с+조≫[..와]관련하여/ где только возможно 가능하기만 한 장소라면/ источник 원천, 근원

▶ <u>В конце площади</u> виднелась громадная пятиэтажная фабрика с освещёнными окнами, на которой шла работа день и ночь, в две смены.

☞ освещённое окно 불 켜진 窓/ в две смены 2교대로

▶ Извините, пожалуйста, я прилетел <u>из Лондона</u> по приглашению государственного комитета РФ(Российской Федерации) по народному образованию.

☞ по приглашению ≪속≫ [..의]초청으로/ народное образование 국민교육

▶ <u>Сюда</u>, <u>в семью</u> провинциальной помещицы, привозит Ленский своего соседа и друга, гостя <u>из Петербурга</u> Евгения Онегина. <u>Здесь</u> впервые Онегин встречает Татьяну. Любовь провинциальной девушки не волнует, не трогает его. Татьяна страдает, видя холодность Онегина...

☞ волновать (마음을)동요시키다/ трогать 감명을 주다/ провинциальный 지방・시골의/ помещица 女地主/ холодость 무관심; 냉담

▶ ...Но Светка ничего объяснять не стала. Вышла из вагона в своих старых голубых джинсах, со спортивной сумкой в руке. Павел впервые заметил, что она выше Марины, а может, кажется, потому что тоньше и стройней.

▶ На пристань мы вернулись за двадцать минут до отплытия парохода. Огромный белый теплоход «Лермонтов» уже стоял у пристани. Мы нашли свою каюту, положили вещи и вышли на палубу. Скоро теплоход дал последний гудок и медленно отошёл от пристани. Началось наше трёхдневное путешествие.
☞ пристань 부두/ за.. до_ _하기 ..前에/ каюта 船室/ палуба 갑판/

▶ Иностранцы, изучающие русский язык, не всегда понимают разницу между глаголами «смотреть» и «видеть». И вот однажды преподаватель русского языка рассказал своим студентам такую историю.
Вчера вечером мы с дочкой возвращались из гостей. Мы стояли на оствновке и ждали автобуса. — Посмотри, посмотри,— сказала дочка и показала на фонарь на противоположной стороне улицы. Я посмотрел и ничего особенного не увидел: дом, мимо которого я проходил много раз, дерево... Я пожал плечами. — Да, посмотри же! — повторила дочка. Я посмотрел и увидел. За день на дереве распустились листочки. Фонарь, который стоял рядом с деревом, осветил совсем молодую листву, и дерево светилось теперь среди ночной темноты зелёным светом. Мы смотрели на это всё, а увидела только она. Вы поняли теперь, чем отличаются глаголы «смотреть» и «видеть»?
☞ и вот 그래서/ возвращаться из гостей 초대로부터 돌아오다/ пожать плечами 어깨를 움츠리다(의혹 · 곤혹의 표정)/ за день 하루동안에/ распуститься (잎이) 나다/ листочки 復 나뭇잎/ листва <집합> 나뭇잎(전체)/ отличаться 《조》 [..점에서]다르다

▶ «Детский мир» — это понятно без объяснения: в магазинах под такой вывеской продаётся всё, что нужно для детей. Детям нужно очень многое, поэтому в «Детском мире» можно купить и игрушки, и одежду, и мебель.

☞ вывеска 간판/ всё, что нужно 필요한 모든 것/ и <강세조사> ..도

▶ В последнем письме я подробно описал тебе наш путь от Лондона до Бреста. Итак, три дня назад наша группа прибыла в Москву. Нас поместили в гостинице «Бухарест». Гостиница занимает довольно большое старое шестиэтажное здание на набережной Москвы-реки в самом центре города.

☞ путь 여행/ три дня назад 3일 전에

▶ За рекой, почти напротив нашей гостиницы, находится Кремль, храм Василия Блаженного и за ним Красная площадь. Мой номер на пятом этаже. Окна комнаты выходят как раз в эту сторону — на Кремль и Москву-реку.

☞ за ≪조≫ 건너(편)에/ напротив ≪속≫ 맞은편에/ выходить ≪в/на +대≫ [..를]향하고 있다/ как раз 바로, 정확히

▶ Мы вошли в зал и осмотрелись. Все места были заняты, и только из-за одного столика в углу поднимались двое. — Нам, кажется, повезло, — сказала Марина. И мы направились туда.

☞ из-за ≪속≫ 건너편(뒷편)으로 부터/ повезти <無人稱>≪여≫ [..는]運이 좋다

▶ Мы сели за стол. Официант принёс меню и чистые приборы. Марина принялась изучать длинный список вин и закусок, а я тем временем осмотрел зал. Недалеко от нас я заметил знакомых. Мы поздоровались.

В другом конце зала играл оркестр, несколько пар танцевали.

☞ за ≪대≫ 건너(편)으로/ приняться ≪不定形≫ [..에]착수하다, 시작하다/ тем временем 그 동안에/ недалеко ≪속+от≫..부터 멀지 않은 곳에/ поздороваться ≪с+조≫ [..와]인사하다

▶ Дедушка Морозов — тоже большой любитель спорта. Он хороший шахматист. Его главный противник — Сергей. Вечером они долго сидят за шахматной доской. Дедушка — страстный болельщик. Летом он не пропускает соревнований по футболу, зимой — по хоккею. Так же, как и Игорь, он болеет за спартаковцев. Как любитель шахмат он следит за всеми соревнованиями, и турнирами и чемпионатами по шахматам.

☞ соревнование по футболу 축구시합/ так же, как и ..와 마찬가지로/ болеть за ≪대≫ [..을]응원하다/ спартаковец 스포츠단체 <Спартак>의 團員/ следить за ≪조≫ [..을]지켜보다, 주시하다/ турнир 토너멘트/ чемпионат 선구권쟁탈전

▶ Я получаю и сам пишу очень много писем. Друзья, с которыми я учился, разъехались по всему свету. Одни живут в разных городах России, другие работают за границей. Я переписываюсь со многими из них. Почти каждый день почтальон приносит мне вместе с газетами несколько писем от друзей. В свою очередь и я часто посылаю им письма, открытки, телеграммы, посылки.

☞ за-границей 외국에서/ переписываться ≪с+조≫ [..와]편지를 주고받다/ в свою очередь (상대의 행동에 대한 답으로)이번에는 자신이

▶ Я видел сон: я шёл по широкому полю, на котором лежали крупные камни. Между камнями проходила узкая дорога... Я шёл по ней, не зная сам, куда и зачем.. Вдруг передо мной на этой узкой дороге появилось какое-то тонкое облако, потом это облако стало женщиной, стройной и высокой, в белом платье.. Она быстро уходила от меня по дороге. Я не видел её лица, не видел даже её волос: их закрывала тонкая ткань, но она казалась мне прекрасной, дорогой и милой.. Я обязательно хотел её догнать, чтобы посмотреть в её лицо, в её глаза... Я должен был увидеть эти глаза.

☞ по ≪여≫(운동을 행하는 면적)[..을]따라서/ проходить (길 등이)나있다/ облако 그림자/ по дороге 途中에서

▶ Иностранцы шутя говорят, что в других странах дорогие строительные материалы добывают из-под земли, а у нас в стране наоборот — опускают под землю. Но строители нашего метро хотят, чтобы люди, которые проводят в метро по полтора часа ежедневно(по дороге на работу и с работы), не чувствовали, что они находятся под землёй, забывали об этом.

☞ из-под ≪속≫ 밑으로부터/ под ≪대≫ 밑으로/ по полтора часа 1시간 30분씩/ под ≪조≫ 밑에

▶ Сторонники активно приключенческого отдыха летом спускаются вниз по рекам на плотах или на лодках, уходят высоко в горы. Это смелый решительный народ, рассказы о таком отдыхе слушаешь с интересом, но веришь им не всегда.

☞ приключенческий отдых 모험을 즐기는 여가/ с интересом 흥미롭게, 재미있게/ верить ≪여≫ [..를]믿다, 신뢰하다

▶ Мы сидели в тени, но и в тени было душно. Тяжёлый, знойный воздух словно замер; горячее лицо с тоской искало ветра, да ветра-то не было. Солнце так и било с синего потемневшего неба. Прямо перед нами, на другом берегу, жетело ржаное поле, кое-где поросшее полынью, и хоть бы один колос пошевельнулся. Немного пониже крестьянская лошадь стояла в реке по колени и лениво обмахивалась мокрым хвостом... Мы сидели неподвижно, подавленные жаром. Вдруг позади нас в овраге раздался шум: кто-то спускался к источнику. Я оглянулся и увидел мужика лет пятидесяти, запылённого, в рубашке, в лаптях, с корзиной за плечами.

☞ словно 마치 ..처럼/ знойный 무더운/ на другом берегу 건너편 강가에/ порасти ≪조≫ (식물로)뒤덮이다/ полынь (식물)향쑥/ хоть бы ..라면 좋았겠는데/ колос 이삭/ в реке по колени 강물에 무릎까지 잠겨 있다/ подавлённый 압도된/ источник 샘(泉) запылённый 먼지투성이가 된/ лапоть (나무껍질로 만든)신발/ за плечами 등 뒤에

▶ Дорога идёт сначала через деревню, потом лугом и лесом. мы идём не спеша, но в хорошем и бодром темпе. По дороге шутим, поём, фотографигуем, собираем ягоды. Наконец мы у цели. Мы останавливаемся на берегу реки, километрах в 3(трёх)-4(четырёх) от станции.

☞ не спеша 서두르지 않고/ у цели 목적지에 와 있다

▶ Всё было тихо кругом; со стороны дома не приносилось никакого звука. Он(Лаврецкий) осторожно пошёл вперёд. Вот, на повороте аллеи, весь дом вдруг глянул на него своим тёмным фасом; в двух только окнах наверху мерцал свет; внизу дверь на балкон широко зевала раскрытая настежь. Лаврецкий сел на деревянную скамейку, подпёрся рукой и стал глядеть на эту дверь да на окно Лизы. В городе пробило полночь; в доме маленькие часики только прозвенели двенадцать. Лаврецкий ничего не думал, ничего не ждал; ему приятно было чувствовать себя вблизи Лизы, сидеть в её саду на скамейке, где и она сидела не однажды...

☞ на повороте 길모퉁이에/ настежь 활짝 열린 채로/ подпереться рукой 턱을 괴다/ пробить <無人稱> ≪대≫ (시계가) ..時를 치다/ да ..과, 그리고/ только 겨우, 가까스로, 간신히

▶ Едва Владимир выехал в поле, как поднялся ветер и началась сильная метель. В одну минуту дорогу занесло. Небо слилось с землёй. Владимир очутился в поле и напрасно хотел снова попасть на дорогу; лошадь ступала неудачу... Владимир ехал полем, пересечённым глубокими оврагами. Метель не утихала, небо не прояснялось. Лошадь начинала уставать, а он поминутно был по пояс в снегу.

Наконец, он увидел, что едет не в ту сторону. Владимир остановился: начал думать, припоминать, соображал и понял, что ему нужно было ехать вправо. Он поехал вправо. Лошадь его чуть ступала. Уже более часа был он в дороге. Деревня должна была быть недалеко. Но он ехал, ехал, а полю не было конца. Время шло. Владимир начинал сильно беспокоиться. Наконец, в стороне стало что-то чернеть. Владимир повернул туда. Приближаясь, увидел он рощу. Он поехал около рощи, надеясь тотчас попасть на знакомую дорогу или объехать рощу. Скоро нашёл он дорогу и въехал во мрак деревьев. Дорога была тут гладкая: лошадь ободрилась. Владимир успокоился. Он ехал, ехал, а роще не было конца. Владимир с ужасом увидел, что он заехал в незнакомый лес.

☞ как 갑자기/ метель 눈보라/ в одну минуту 곧, 즉시/ занести <無人稱> 덮다/ очутиться (정신을 차려보니)..에 와있다/ напрасно 공연히, 쓸데없이/ пересечённый 가로지른/ попасть на дорогу 길을 발견하다 по пояс в снегу 허리까지 눈에 파묻혀 있다/ чуть 겨우/ роща 숲, 수림

시간상황어

▶ В прошлом году я женился. Мою жену зовут Марина. Она моложе меня на четыре года. марина врач. В прошлом году она окончила медицинский институт. Теперь она работает в детской поликлинике. Марина любит своё дело и работает с интересом. Марина хо-

рошо поёт, у неё красивый голос. Раз в неделю Марина ходит в Дом культуры, где она поёт в хоре.
☞ 재미있게, 즐겁게/ раз в неделю 1주일에 한번/ хор 합창단

▶ Неделю назад мой друг вернулся из туристической поездки в Англию. В эту субботу он обещал прийти к нам рассказать о своих впечатлениях, показать фотографии. Мы с женой пригласили на этот вечер своих друзей. В пятницу утром я позвонил Петровым. Я снял трубку, нажал кнопку и услышал длинные гудки. Никто не подходил к телефону. Неужели ещё спят? А может быть, уже ушли на работу? Наконец я услышал: — Я слушаю...
☞ впечатление 감상/ Петровы 複 뻬뜨로프 一家/ может быть <삽입어> 아마도 ..일지 모른다

▶ Всю ночь, до самого рассвета, шёл сильный дождь, сверкали молнии, гремел гром.
☞ сверкает молния 번개가 번쩍거린다/ гремит гром 우레가 치다

▶ Мой рабочий день начинается в восемь часов утра. Я встаю в половине седьмого, делаю утреннюю зарядку, чищу зубы, принимаю холодный душ. В это время моя жена готовит завтрак. После завтрака, четверть восьмого, я одеваюсь, выхожу из дома и иду на автобусную остановку. Через полчаса, то есть без четверти восемь, я уже на заводе. Обычно я прихожу в лабораторию без десяти минут восемь, то есть за десяти минут до начала работы.
☞ в это время 그 때, 그 시각에/ то есть 즉/ за.. до__ __하기 ..전에

▶ Однажды среди ночи в квартире профессора раздался телефонный звонок. Профессор подошёл к телефону, взял трубку и услышал сердитый женский голос: —

Ваша собака лает и не даёт мне спать. — А кто это говорит? Женщина назвала свою фамилию. На следующую ночь в тот же час в квартире этой женщины зазвонил телефон. — Я позвонил, чтобы сказать вам, что у меня нет собаки,— сказал в трубке голос профессора.
☞ давать ≪여≫≪不定形≫ [..에게] ..하게 하다; ..하게 내버려 두다/ в тот же час 같은 시각에

▶ Меня зовут Павел Андреевич, моя фамилия Белов. Мне 30(тридцать) лет. Я родился в Москве и всю жизнь живу здесь. Когда мне было семь лет, я пошёл в школу. С детства я интересовался химией, поэтому после окончания школы я поступил в университет на химический факультет. 5(пять) лет назад я окончил университет и поступил работать на завод. Я химик, работаю в лаборатории.
☞ с детства 어릴 때부터

▶ В молодости я был неплохим спортсменом. Помню, на втором курсе даже играл за сборную команду университета по волейболу. Наша команда тогда заняла первое место в соревнованиях среди вузов Москвы.
☞ в молодости 젊었을 때/ курс (대학의) 학년/ сборная команда 선발팀/ занять первое место 우승하다

▶ Каникулы мы провели вместе. Две недели прожили мы в палатках на берегу реки, днём ловили рыбу, собирали грибы и ягоды, а по вечерам сидели у костра и пели песни. Всё это ещё больше укрепило нашу дружбу.
☞ провести каникулы 방학을 보내다/ по вечерам 밤마다

▶ Письма я обычно пишу вечером, а на другой день утром опускаю их в почтовый ящик недалеко от на-

шего дома. Телеграммы, бандероли и посылки мы отправляем в ближайшем почтовом отделении.
☞ на другой день 다음 날/ почтовый ящик 우체통/ почтовое отделение 우체국

▶ Неделю назад, перед новогодним праздником, я написал несколько писем, приготовил нужные книги и вещи для посылок и пошёл на почту. Сначала я подошёл к окошку, где принимают бандероли, подал в окошко книги и попросил упаковать их. Потом я написал адрес и заплатил деньги за марки, которые девушка, работница почты, наклеила на бандероль.
☞ неделю назад 1주일 前에/ перед ≪조≫(시간) 前에/ окошко 창구 бандероль 소포우편물/ работница 여직원/ наклеить (풀로)붙이다

▶ По приезде на станцию, первая забота была поскорее переодеться, вторая — спросить себе чаю.
☞ по ≪전≫ ..한 後에, ..하고나서/ забота 해야 할 일

▶ У русских, белорусских, украинских, литовских и латышских крестьян есть хорошая привычка поддерживать с соседями добрые отношения, оказывать помощь и поддержку друг другу в трудную минуту. У литовских и латышских крестьян добрососедские отношения поддерживаются обычаем: крестьянские семьи по очереди угощают друг друга пивом. Пиво варят и, когда оно готово, крестьянин несёт пиво, чтобы угостить соседа. Сосед также угостит его своим пивом. После этого они обязательно помогают друг другу во время полевых работ.
☞ крестьянин 농부/ поддерживать 유지하다/ оказывать ≪여≫ [..에게]주다, 제공하다/ в трудную минуту 어려울 때/ обычай 관례, 풍습/ по очереди 교대로/ угощать ≪대≫≪조≫ [..로][..를]대접하다/ во время ..하는 동안에, ..할 때/ полевые работы 밭 일

▶ За ужном мы поговорили, потом потанцевали. Позже мы попросили принести нам ещё мороженое и кофе.

☞ за ≪조≫ (시간)..하면서, ..할 때

▶ Поезд метро идут один за другим с интервалом в одну-две минуты, по часам метро москвичи, спешащие утром на работу, проверяют свои часы.

☞ один за другим 잇달아/ с интервалом 간격을 두고/ по ≪여≫(기준)..에 의해서, 근거해서/ проверять 점검하다

▶ Все наши магазины можно разделить на две категории: продовольственные и промтоварные. Промтоварные(от слов «промышленные товары») по воскресеньям не торгуют, а в будние дни работают с 10(десяти) или с 11(одиннадцати) утра(за исключением больших универмагов, которые открываются в девять) до семи-восеми вечера, с перерывом на обед с двух до трёх). Продовольственные же, как правило, работают все семь дней в неделю с восьми до восьми, а на обед закрываются с часу до двух.

☞ по воскресеньям 일요일마다, 每週 일요일/ в будний день 평일/ за исключением ≪속≫ [..을]제외하고/ перерыв 휴식시간/ же 한편

▶ Из-за обильного снегопада поезд Моска-Владивосток опоздал два часа и прибыл на станцию в половине второго ночи. В вагоне № 7(номер семь), кроме Сергея Ракитина, никто не выходил в Байкальске. По мере приближения к Байкальску сердце Сергея билось всё сильнее и сильнее. Ведь поехать по окончании института на стройку, и именно на Ангару, было заветной мечтой Сергея. Он постоял в купе и через несколько минут вышел в коридор вагона. «Не торопитесь —, успокоил его проводник. — ехать ещё двадцать минут. Через полчаса поезд прибыл в Байкальск. Длинный перрон был почти пуст. Сергей остановился минуту, а потом медленно пошёл.»

☞ из-за ≪속≫..때문에/ по мере ≪속≫ ..함에 따라/ всё <+비교급> 한층/ ведь 어쨌든; ..이 아닌가/ стройка 건설현장/ именно 바로/ заветная мечта 염원

▶ Но вот наконец пришло известие, что мама и малыш завтра выписываются(из родильного дома)(если всё идёт хорошо, это происходит примерно через неделю после появления младенца на свет). Отец растерян и испуган: с одной стороны, ему хочется поскорее встретиться с женой и увидеть своего малыша, а с другой — до сих пор государство о них обоих заботилось, сможет ли он делать это так же хорошо?

☞ известие 소식/ выписываться из родильного дома 출산원에서 퇴원하다/ младенец 아기, 유아/ свет 세상/ с одной стороны, с другой (стороны) 한편으로는, 또 다른 한편으로는/ до сих пор 지금까지/ государство 국가/ заботиться ≪о+전≫ [..을]돌보아 주다

▶ Мой единственный совет — прежде чем ехать куда-нибудь на метро, изучите план линий и точно определите, до какой станции вы собираетесь ехать и где лучше сделать пересадку.

☞ прежде чем ..하기 전에/ план линий(метро) 지하철노선도/ собираться ≪不定形≫ ..하려고 하다/ сделать пересадку 갈아타다

▶ Он вернулся в кафе, сел к столу и заплакал. Так он сидел до тех пор, пока не вбежал кто-то и не сказал, что недалеко от берега совсем неожиданно пароход затонул. Никто не спасся. На пароходе было 200(двести) пассажиров.

☞ до тех пор, пока не ..할 때까지/ неожиданно 뜻밖에, 갑자기, 불의에/ затонуть 가라앉다, 침몰하다/ спастись 구조되다, 모면하다

▶ А дети — дети тоже с завтрашнего утра возьмут своё. Для них в театрах, в клубах, в цирке, в Кремле организуются детские утренники, которые будут проходить в течение всех зимних школьных каникул, которые продолжаются с 30-го декабря до 10-го января. Редкий малыш не побывает за это время на 5 (пяти)-6(шести) утренниках, и каждого он принесёт новогодний подарок.

☞ организоваться 열리다, 개최되다/ детский утренник (서커스 등의 어린아이들을 위한)早朝흥행/ в течение ≪속≫ ..하는 동안에, ..할 때

▶ Мы поедем туда(в Прибалтику) на своей машине, будем останавливаться в пансионатах и жить по нескольку дней в одном месте. В такое путешествие на машине мы отправляемся впервые. До сих пор каждое лето мы проводили в туристических походах.

☞ по нескольку дней 며칠씩/ один 같은/ туристический поход 집단하이킹

▶ 18(Восемнадцатого) мая 1950(тысяча девятьсот пятьдесятого) года исполнилось 150(сто пятьдесят) лет со дня смерти великого русского полководца А. Суворова.

☞ исполниться (연령, 年限이)이르다, 되다/ со дня ≪속≫ ..한 이후로

▶ 31(Тридцать первое) декабря, накануне нового, 1810 (тысяча восемьсот десятого) года, был бал. Наташе было шестнадцать лет, и она собиралась на первый большой бал в своей жизни. С утра этого дня она не имела ни минуты свободы.

☞ накануне ≪속≫ 직전에, 前夜에

원인상황어

▶ Благодаря отличной погоде и особенно праздничному дню, улица сельца Марьинского снова оживилась.

☞ праздничный день 경축일/ сельцо 작은 마을(村)

▶ Республика Корея превратилась в одно из основных мировых торговых государств благодаря последовательному проведению политики более свободной торговли и открытия внутренних рынков, одновременно этим укрепляя свои позиции на мировом рынке.
☞ превратиться ≪в+대≫ [..으로]바뀌다/ последовательный 지속적인/ проведение 수행/ политика 정책/ свободная торговля 자유무역/ открытие 개방/ внутренний рынок 국내시장

▶ Из-за какой-то беды поезд 2(два) часа простоял на полустанке и пришёл в Москву только в три с половиной.
☞ беда 재난/ полустанок 작은 정거장

▶ До прибытия судна Пхеньян впервые согласился допустить ооновцев в северные районы страны, где население страдает от голода из-за неурожаев, вызванными наводнениями.
☞ прибытие 도착/ ооновец UN관계자/ допустить (入場을)허락하다/ население 주민/ страдать ≪от+속≫ [..로]고통을 겪다/ голод 기아, 기근/ неурожай 흉작/ вызвать 초래하다/ наводнение 홍수

▶ Второе – это скромность. Никогда не думайте, что вы уже всё знаете. И как бы высоко ни оценивали вас, всегда имейте мужество сказать себе: Я невежда. Не давайте гордне овладеть вами. Из-за неё вы будете упорствовать там, где нужно согласиться, из-за неё вы откажетесь от полезного совета и дружеской помощи, из-за неё утратите меру объективности.
☞ скромность 겸손함/ как бы ни 아무리 ..하여도/ мужество 용기/ невежда 무식한 사람/ давать ≪여≫≪不定形≫ [..에게] [..을]시키다, 허락하다/ гордня 오만, 거만함/ отказаться ≪от+속≫ [..을]거절하다, 거부하다/ мера 한계, 절도/ объективность 객관성, 객관적(공정한) 태도

▶ Он проснулся от тревожных голосов родителей, говоривших в комнате рядом с кухней. Сколько было времени – полночь или уже под утро – он не знал, а отец с матерью не спал.

☞ под утро 새벽녘 가까이 되어서

▶ — Я вижу! — сказал старик и сел на кровать. — Я вижу день, когда я встретился с Мартой и она от смущения разбила кувшин с молоком. Это было зимой, в горах.

☞ встретиться ≪с+조≫ [..와]만나다/ смущение 당황, 당혹

▶ Он заметил, что уже через год лицо у неё удлинится и станет красивым, и ему стало грустно от мысли, что со временем будет и у неё свой парень.

☞ со временем 시간이 가면/ свой парень 가까운 남자

▶ Всегда находится несколько человек, которые по тем или иным причинам не могут провести сегодняшний вечер в театре и продают лишние билеты здесь же возле входа.

☞ по причине ≪속≫ [..의]이유로/ тот или иной 어떤/ лишний 여분의/ возле ≪속≫ 가까이에, 곁에/ вход 입구

▶ – Если бы я знал, что золото не поможет моей жене, я бы никогда не украл его. – Вы не виноваты перед богом и людьми, потому что вы это сделали из любви к жене. – сказал незнакомец.

☞ виноватый ≪перед+조≫ [..에게]죄송하다, 잘못이 있다/ любовь ≪к+여≫ [..에 대한]사랑, 애정

▶ Я остановился и осмотрелся. В темноте ничего нельзя было разобрать; однако я из осторожности обошёл, будто гуляя, вокруг дома.

☞ разобрать 분별하다, 판별하다/ осторожность 조심성/ будто 마치 ..

듯이/ вокруг ≪속≫ ..주위에

▶ Однажды на охоте отец Насти неосторожённым выстрелом ранил Балашова в грудь. Раненого принесли в дом сельского учителя. Удручённый несчастьем старик послал Настю ухаживать за раненым. Настя выходила Балашова, и из жалости к раненому родилась первая её девичья любовь. Но проявления этой любви были так застенчивы, что Балашов ничего не заметил.

☞ ранить ≪대≫≪в+대≫ [..의] [..에]부상을 입히다/ раненый 부상자/ удручённый 슬픔에 잠긴/ ухаживать ≪за+조≫ [..를]간호하다/ выходить 완쾌할 때까지 간호하다/ девичий 처녀의/ так.., что__ 너무나 ..하여 __이다/ заметить 눈치채다, 알아채다

▶ Многие москвичики не могут заснуть в эту ночь, и не оттого, что мешает шум за окном, просто — вспоминают свою молодость и свой выпускной бал, а это (вы) согласитесь, довольно грустное дело.

☞ за окном 창밖에서/ просто 단지/ молодость 청춘, 젊은시절/ выпускной бал 졸업무도회

▶ Работать она умела, а желающих ей было много. Не все женщины были довольны её жизнью, и мужчины, конечно, не все, но, имея честное сердце, она не только не трогала женатых, но даже умела помирить их с жёнами.

☞ желающих ей много 그 여자를 위하는 사람은 많다/ довольный ≪조≫ [..에]만족한/ не только .., но (и)__ ..뿐만 아니라, __도/ женатый 기혼자(男)/ помирить ≪대≫≪с+조≫ [..를] [..와]화해시키다

목적상황어

▶ Карьеристы постоянно ищет случая прийти на помощь начальнику в каком-нибудь второстепенном деле и никогда не возьмётся за работу, которая требует труда, а результат её не будет бросаться в глаза.

☞ карьерист 입신출세주의자/ искать ≪속≫ (얻으려고) 찾다/ началь-ник 上司/ взяться ≪за+대≫ 시작하다, 착수하다/ требовать ≪속≫ [..을] 필요로 하다/ бросаться в глаза 눈에 띄다

▶ Когда мне предложили поехать в Москву для зна-комства с вашей системой образования, я был, как го-ворят, на седьмом небе от счастья.

☞ как говорят <삽입어> 말하자면/ на седьмом небе 기뻐하다/ от счастья 행복해서

▶ Прошло 3(три) месяца, и вдруг в театр на моё имя пришла телеграмма из Москвы. В ней сообщилось то, что мне необходимо выехать в столицу для участия в гастрольной поездке в Венгрию.

☞ на имя ..(누구)앞으로/ участие ≪в+조≫ ..의 참가/ гастрольная поездка (지방 · 국외)순회공연

▶ В осеннее время очень популярны у нас выезды за грибами – как правило, за несколько десятков ки-лометров от города, В места, облюбованные давным-давно.

☞ за ≪조≫ (목적)[..를]구하러(가지러)/ как правило <삽입어> 보통, 일반적으로/ за ≪대≫ (거리 · 간격)..떨어진 곳에서/ облюбовать (마음에 둔 물건 · 사람을)잘 보고 선택하다/ давным-давно 아주 오래전에

▶ Я сейчас еду на Ленинградский вокзал за билета-ми. Вы пока никуда не уходите и ждите звонка. Как куплю билеты, я вам сразу же сообщу.

☞ как (시간)..하고 나서, ..한 後에

▶ В универмаге в галантерейном отделе я видел бо-льшие мягкие шерстяные шарфы. Это я куплю маме. Я выбрал бежевый шарф. Одна покупка есть! Отцу на днях Марина купила тёплые кожанные перчатки. Ни-колаю, младшему брату, я решил подарить лыжи: я знаю, что он собирался купить себе хорошие лыжи. За лыжами надо идти в спортивный магазин. Это я сделаю завтра.

☞ гарантерейное отдел 잡화매장/ шерстяной 毛(wool)로 만든/ шарф 머플러/ бежевый 베이지색의/ покупка 구매품/ на днях 최근에

▶ Елена приехала в Москву изучать русский язык. Она интересуется русской культурой. Особенно ей нравится древняя русская живопись.

☞ культура 문화/ древний 古代의/ живопись 그림, 회화

▶ Мы приехали на завод познакомиться с новейшими достижениями в области техники.

☞ познакомиться ≪с+조≫ 알게 되다, 지식을 갖다/ в области ≪속≫ [..의]분야에서/ достижение 성과, 업적

▶ Я очень люблю ходить пешком. Вчера утром я рано встал и отправился осматривать ближайший лес.

☞ пешком 걸어서, 도보로

▶ Он положил трубку на место и, чертыхаясь, пошёл кипятить чай. Уснуть теперь всё равно он не мог. К тому же в доме напротив уже светились три окна.

☞ всё равно 이러나저러나 마찬가지이다/ к тому же 게다가

▶ Во время летних каникул миллионы студентов большими отрядами выезжают в разные районы страны строить железные дороги, шоссе, посёлки, заводы, сельскохозяйственные фермы.

☞ во время ≪속≫..할 때/ большими отрядами 큰 집단을 이루어

▶ Он(Павел Михайлович Третьяков) любил живопись и на выставки приезжал, чтобы купить лучшие из картин.

▶ Владимир понимал, что Христианство как мировая религия откроет дорогу к высокой культуре Византии, Рима. В это время Христианство становилось большой политической силой. Русский князь послал своих детей к нецам, болгарцам, грекам, чтобы они посмотрели, как эти люди служат Богу. Ему нравилась идея служения единому Богу. И Владимир решил сам принять греческую веру.

☞ как (자격)..로서/ в это время 그 때 · 당시/ становиться ≪조≫[..이] 되다/ служить ≪여≫ [..을]섬기다/ единый Бог 唯一神/ греческая вера 그리스 신앙

▶ Студенты университета не только работают, они находят время и для того, чтобы отдыхать. По вечерам одна из больших аудиторий на первом этаже превращается в кинозал.

☞ для того, чтобы ≪不定形≫ ..하기 위하여

▶ Один художник встретил в кафе известного критика, который зло раскритиковал его последнюю картину. — Для того, чтобы рассуждать о живописи, — сказал художник, — надо самому уметь рисовать. — Мой дорогой, — ответил критик, — я не снёс в жизни ни одного яйца, однако, поверьте, я могу оценить вкус яичницы лучше, чем любая курица.

☞ зло 신랄하게/ сам 자신/ снести (알을)낳다/ вкус 맛/ яичница 계란 부침/ курица 닭; 암탉

양태상황어

▶ Если у вас есть часа полтора и вы хотите плотно пообедать, не спеша, в удобной обстановке, — идите в ресторан.

☞ плотно 실컷, 마음껏, 잔뜩/ не спеша 천천히/ обстановка 분위기

▶ По улицам не спеша прогуливаются по-европейски одетые люди, каких можно было бы встретить и в Лондоне на Пикадилли, и в Париже на Елисейских полях.
☞ по-европейски 유럽식으로

▶ Весна наступила как-то сразу, почти без предупреждения. Люди за несколько дней стали добрее, и эти несколько дней казались им переходным периодом от поры ожидания к поре свершения, потому что весенние сны с мастерством опытной гадалки напророчили им счастье и любовь...
☞ переходный период 전환기/ пора 시절, 시기/ свершение 실현/ мастерство 기술, 기교, 기량/ напророчить 예언(예고)하다

▶ С 1873(тысяча восемьсот семьдесят третьего) года галерея была открыта для всех граждан, тогда как прежде осмотр картин допускался лишь с особого разрешения Павла Михайловича. И понятно: неудобно было пускать всех подряд в семейные комнаты дома.
☞ тогда как 비록 ..에도 불구하고, ..이지만/ прежде 이전에는/ осмотр 구경, 관람/ пускать 들게 하다/ подряд 모조리, 예외 없이, 가리지 않고

▶ Люди по-разному проводят свободное время: сегодня едут на экскурсию или идут с друзьями в кафе, завтра идут в театр или на дискотеку, а может быть, отдыхают дома с книгой в руках. Все мы читаем, ходим в кино, на выставки и концерты, любим музыку и танцы. Мы любим развлекаться, но, наверное, у кажкаждого есть своё любимое дело — увлечение.
☞ по-разному 서로 다르게/ развлекаться 즐기다, 놀다/ наверное <삽입어> 아마도 ..임에 틀림없다/ увлечение 관심사

▶ Мы встречаемся на вокзале в 9(девять) часов утра, берём билеты и садимся в поезд. В вагоне много мо-

лодёжи, и поэтому там шумно и весело. Скоро поезд отходит. Минут через 30(тридцать) мы выходим на небольшой станции и идёт сначала пешком.
☞ отходить (기차 · 버스 등이)출발하다

▶ Сцена проходит за сценой. С волнением следят зрители за действием. Бал у Лариных, ссора Онегина с Ленским, дуэль и гибель молодого поэта...
☞ сцена 광경, 사건/ за сценой 무대에서/ с волнением 마음을 설레며/ следить ≪за+조≫ (움직임을)지켜보다/ действие 동작

▶ Жизнь готовила испытания на каждом шагу. Сначала на лагерь напал медведь. Затем пожар на радиостанции. С большим трудом собрали новую радиостанцию. Связь с землёй была восстановлена. Летом на льдине образовалась талая вода. Участниникам экспедиции приходилось передвигаться по колено в воде. Вьюги, бураны, сильные ветры...
☞ жизнь 생활/ испытание 시련, 고난/ на каждом шагу 끊임없이/ лагерь 야영소/ радиостанция 無線통신소; 無線機/ собрать 조립하다/ связь 통신/ льдина 얼음덩어리(氷塊), 얼음장(ледяное поле)/ талая вода 눈 녹은 물/ по колено в воде 무릎까지 물에 잠겨

▶ Я смотрел на главного инженера с интересом и недоверием, потому что первый раз видел его в роли руководителя. Когда товарищи ушли, он закурил, посмотрел на меня и вдруг коротко восторженно засмеялся. Только он умел так неожиданно смеяться коротким счастливым смехом.
☞ с недоверием 미심쩍게/ в роли ≪속≫ [..의]역할을 하다

▶ Утром телефон зазвонил чуть свет. Какой там свет – никакого света не было, весь город спал последним предрассветным сном. Поднимаясь, Рудольф взглянул

на дом напротив – ни одно окно ещё не было освещено.
☞ чуть свет 동이 트자마자

▶ Англичанам русские кажутся слишком шутливыми, громко говорящими. Ведь сами англичане не привыкли повышать голос ни в каких ситуациях. А русских они как раз удивляют тем, что говорят какими-то тихими, даже какими-то усталыми голосами.
☞ ни в каких ситуациях 어떠한 상황에서도/ как раз 다름 아닌, 바로

▶ Михаил Аникушин – человек, которому хочется от всей души сказать «спасибо» и поклониться русским поклоном до самой земли-матушки.
☞ от всей души 진심으로/ поклониться 절(인사)을 하다/ земля-матушка 어머니인 大地

▶ Она смотрела на толпу большими глазами, ясными, как утреннее небо. Никто никогда не видел такой красоты. А когда потом люди взглянули друг на друга, им всё показалось скучным и серым.
☞ друг на друга 서로 서로를/ серый 재미없는(=неинтересный)

▶ Татьяна Петровна отложила письмо, туманными глазами посмотрела на снежный сад за окном.
☞ отложить 옆에 놓다/ туманный 몽롱한

▶ Наш поезд отходит в 12(двенадцать) ночи. Были ещё билеты на день, но я решил, что нам будет удобнее уехать ночным поездом. Во-первых, у нас будет свободный вечер, а во-вторых, поезд придёт в Петербург рано утром, что тоже имеет свой смысл. Мы позавтракаем и сразу пойдёт осматривать город.
☞ билет на день 晝間열차표/ удобнее <술어>형편·사정이 더 좋다/ во-первых <삽입어> 첫째로/ во-вторых <삽입어> 둘째로/ смысл 意義

無人稱文

文(sentence)은 본래 文의 주요성분, 즉 주어와 술어를 갖추고 있는 것이 기본 구조이지만, 러시아어의 文에는 기본 성분 중에서 주어가 없이 술어만으로 되어있는 文이 있다. 이러한 文을 無人稱文이라고 한다. 영어와 대조해서 말한다면, 러시아어 文에는 假主語라는 것은 없다. 주어가 없는 文이기 때문에 동작의 主体는 여격으로 표시되는 것이 보통이다.

무인칭문의 술어는 주어가 있는 인칭문의 술어와는 다른 형태로 표시된다. 무인칭문의 술어는 아래의 다음과 같은 품사로 표시된다.

1. 술어부사

Приятно в такой день быть на воздухе.

이런 날에 산책을 하면 기분이 상쾌하다.

Ему трудно было привыкнуть к городской жизни.

그 사람은 도시생활에 익숙해지기가 어려웠다.

Зимой в метро тепло, летом – прохладно, и всегда людно.

지하철은 겨울에는 따뜻하고, 여름에는 시원하다. 그래서 항상 사람이 많다.

Людей не было видно, но их не было слышно.

사람들은 보이지도 않았고, (그 사람들의 말소리가) 들리지도 않았다.

При красном свете нельзя переходить улицу.

빨간 불일 때는 길을 건너서는 안 된다.

Наверх можно будет подняться на лифте.

위층으로는 엘리베이터로 올라갈 수 있을 것이다.

2. 무인칭동사

무인칭문의 술어에는 무인칭동사가 사용된다.

Всю ночи ему не спалось.

밤새도록 그 사람은 잠을 못 잤다.

Я уверен, что нам удастся закончить работу к сроку.

나는 우리들이 일을 기간 안에 끝낼 수 있다고 확신한다.

Нам следует учиться у него выдержке и стойкости.

우리들은 그 사람한테서 인내와 집요함(堅忍不拔)을 배워야한다.

Так поступить не годится.

그러한 일을 해서는 안 된다.

3. 무인칭적 의미의 인칭동사

В лесу темнеет.

숲은 어두워지고 있다.

Сегодня потеплело.

오늘은 따뜻하였다.

С крыши капает.

지붕에서 물이 샌다.

Меня мутит от лекарства.

나는 약 때문에 구역질이 난다.

Лодку перевернуло сильной волной.

배가 파도에 전복되었다.

Луга затопило водой.

초원이 침수되였다.

4. 피동형동사단어미형의 술어

Ещё ничего не сделано.

아직 아무 것도 하질 않았다.

Об этом нигде не написано.

이것은 어디에도 쓰여 있지 않다.

На другой день решено было отправиться на экскурсию по городу.

다음 날 도시관광을 떠나기로 되어 있었다.

Про отдых было забыто.
휴가를 잊고 있었다.

5. 술어로서의 **нет, не было, не будет**

무인칭문에서 нет, не было, не будет가 술어로서 사용된다. 이와 같은 文에서는 대상이 되는 사람이나 물건의 不在가 언급된다.

Когда нет работы, то как-то скучно и тускло.
일이 없으면, 무슨 이유에서인지 따분하고 재미가 없다.
В тот день моего друга не было на занятиях.
그 날 내 친구는 수업에 결석하였다.
В эту зиму у вас не будет каникул.
이번 겨울에는 여러분들에게 방학은 없을 것입니다.

6. **не**와 함께 존재의 否定의 의미로 사용되는 동사

Этих трудностей теперь не существует.
그러한 어려움은 이제부터는 없다.
Этой книги в магазине не оказалось.
그 책은 서점에 없었다.
Несчастья не произошло.
불행은 일어나지 않았다.
У меня денег не стало.
나에게는 돈이 없다(다 써버렸다).
В кассе не осталось билетов.
매표소에 표는 남아있지 않았다.
Препятствий не имеется.
장해는 없다.

7. 술어로서의 동사不定法

1) 무인칭문의 동사不定法은 필연, 불가피, 불가능의 행위를 표현한다.

Всем студентам собраться у главного входа.
모든 학생은 정문에 모여야 한다.
Мне выступать через полчаса.
나는 30분 후에 출연하여야 한다.

Теперь тебе уже не догнать их.
이제는 네가 그 사람들을 따라 잡기란 불가능하다.
С кем ему посоветоваться?
그 사람은 누구와 상의를 해야 합니까?
Когда мне прийти к вам?
언제 당신에게 가면 되겠습니까?

2) 否定대명사나 否定부사가 동사不定法과 함께 사용된 무인칭문[6)]

Мне бояться некого и нечего.
나는 두려워할 사람도 없고, 두려워 할 것도 없다.
Не о чём нам с вами говорить.
우리들에게는 당신들과 이야기할 것이 없다.
Ей не с кем поговорить.
그 여자는 이야기할 사람이 없다.
Мне некогда прийти к вам.
나는 당신에게 갈 시간이 없다.
Ему некуда положить свои вещи.
그 사람은 자신의 물건을 놓을 장소가 없다.

---

6) 否定대명사 нечего, некого가 동사不定法과 함께 술어로 사용된 文은 행위의 對象이 없기 때문에 그 행위를 할 수 없다고 하는 것을 나타낸다. 마찬가지로, 否定부사 некогда, негде가 동사不定法과 함께 술어로 사용된 文에서도 행위가 이루어지는 시간 및 장소가 없기 때문에 그 행위를 할 수 없다고 하는 의미가 있다.

無人稱文의 번역연습

술어부사

▶ Смотрю на хорошо обставленный офис турфирмы, на элегантную Лидию Алексеевну и говорю: <Здесь так уютно и приятно, складывается впечатление, что всё идёт вам в руки просто и легко>.

☞ офис 사무실/ турфирмы(=туристическая фирма) 여행사

▶ Он(Антон Чехов) не любил, когда кто-нибудь начинал его хвалить. Но однажды, когда его хвалили, он был весел, и это не было ему неприятно, потому что слова, сказанные людьми, были просты и искренни.

▶ На своей первой встрече я отнеслась к нему недоверчиво и так <ершилась>, что теперь мне было немножко стыдно. Моя мама не раз говорила мне, что интеллигентный человек не должен не понимает и не принимает.

☞ относиться ≪к+여≫ [..에 대한]태도를 취하다/ недоверчиво 미심쩍게/ ершиться (화가 나서)발끈하다/ не должен ..해서는 안 된다/ принимать (제안・조언 등을)받아들이다

▶ Татьяна Петровна долго сидела у стола, смотрела широко открытыми глазами за окно, где в густой синеве начинался рассвет, думала, что вот со дня на день может приехать с фронта в этот дом незнакомый человек и ему будет тяжело встретить здесь чужих людей и увидеть всё совсем не таким, каким он хотел бы увидеть.

☞ вот 바로/ со дня на день 2-3일 내로/ такой.., какой__ __인 것과 같은 .../ мочь ..일지도 모른다

▶ Я с детства получил настоящее русское воспитание. Но я уже не стопроцентно русский, и знаете почему? Мне абсолютно не страшно быть нахальным перед начальником. И пусть он меня накажет. Я буду ещё хохотать.

☞ нахальный 뻔뻔스럽다/ наказать 처벌하다/ хохотать 큰소리로 웃다

▶ Зимой большинство личных автомобилей стоит безвыездно в тёплых гаражах или на платных стоянках — как правило, с ноября до апреля: ездить зимой по городу непрофессионалу трудно и опасно.

☞ безвыездно 아무데도 가지 않고/ платная стоянка 유료주차장

▶ Потом вдруг стало тихо, и взрослые начали поздравлять ребят. Все хлопали в ладоши, я тоже хлопала. А потом на площадь вышла маленькая девочка с колокольчиком и зазвонила. Мама сказала мне, что это первый школьный звонок.

☞ взрослый 어른, 成人/ хлопать в ладоши 손뼉을 치다

▶ — Представляешь, кругом холмы. Они закрывают горизонт и даже половину неба. Я — в чаще. Луны не видно. Но вся моя чаща полна лунным светом. Представляешь?

☞ представлять 상상하다/ полный ≪조/속≫ [..로]가득 차다

▶ В большом репетиционном зале полно народу, через две минуты начнётся урок. Каждое утро много лет подряд мы(солисты балета) становимся в зале и... начали! Сколько лет я повторяю эти упражнения?

☞ репетиционный зал 리허설 홀/ подряд 줄곧/ солист балета 발레무용수

▶ Если телефон звонит ночью, это почти всегда очень плохо: чтобы сообщить что-нибудь хорошее, можно

подождать до утра! Когда папе звонят ночью из больницы, я сразу понимаю, что кому-то из папиных больных плохо. Ну, а когда папа быстро одевается, забывая надеть пиджак или галстук, и уезжает, тогда и мы с мамой не спим до утра.
☞ папин 아버지의/ больной 환자

▶ Вам как будущему специалисту по английской литературе просто необходимо побывать у нас, и не туристом, а поработать в библиотеках, месяцев так 5-6(пять-шесть).
☞ специалист ≪여+по≫ [..분야의]전문가/ так <口語>(강조) месяцев так 5-6 이것저것 5, 6년 정도

▶ Вообще на бегу спросить <Как дела?> у нас невозможно. Для этого надо остановиться, выслушать формальный ответ <Спасибо, ничего> и получить встречный вопрос: <А у вас?> И только ответив <Да, тоже ничего, помаленьку>, можно закончить беседу на эту тему и продолжать свой путь.
☞ вообще 본래/ на бегу 뛰어가면서/ встречный 되묻는/ только 비로써/ помаленьку 그럭저럭

▶ У нас мальчики любят играть в хоккей и кататься на коньках. Они ждали первых морозов, чтобы выйти на коньках на лёд. Ждал этого и я. Потому что мама подарила мне коньки. Но на улице было тепло, кататься было нельзя. Мне очень хотелось научиться кататься, я каждый день надевал свои новые коньки и ходил дома по ковру. Мама сердилась, потому что ковёр от этого портился.
☞ кататься на коньках 스케이트를 타다/ и <강세조사>..도/ от этого 이것 때문에

▶ Один человек впервые приехал в Париж. На вокзале он взял такси и поехал в одну из гостиниц. Он немного отдохнул в своём номере, переоделся и пошёл осматривать Париж. По пути он зашёл на телеграф и дал жене телеграмму, в которой сообщил ей свой парижский адрес.

В этот день он много ходил по городу, был в музеях, заходил в магазины, а вечером пошёл в театр. Когда спектакль кончился и все вышли из театра, наш знакомый решил, что пора возвращаться в гостиницу. Но тут он обнаружил, что он не помнит ни адреса, ни названия гостиницы. Целый час он ходил по улицам, не зная, что ему делать. Наконец он пошёл на телеграф и послал жене ещё одну телеграмму: <Немедленно сообщи мне до востребования мой парижский адрес>.

☞ один 한, 어떤/ впервые 처음으로/ по пути 가는 길에, 도중에/ ни., ни__ ..도, __도 아니다/ что ему делать 그 사람이 무엇을 해야 할지/ до востребования 우체국留置우편

▶ Зимой у нас иногда стоят солнечные и морозные дни, в такие дни лучше одеться потеплее.

存在 否定의 нет, не было, не будет

▶ Популярность произведений Есенина безгранична. Общий тираж только трёх изданий собрания его сочинений составляет 1.5 миллионов экземпляров. Стихи поэта переведены на многие языки мира. Пожалуй, нет на земном шаре уголка, куда бы не проникла поэзия Сергея Есенина.

☞ общий 전부의, 전체의/ тираж 발행부수/ издание (서적의)版/ собрание сочинений 작품집/ экземпляр (같은 서적의)部(數)/ перевести ≪на+대≫ [..로]번역 · 통역하다/ пожалуй <삽입어> 아마도/ земной шар 지구, 세상/ уголок 구석

▶ Дома была одна Настя. Она сидела на полу и листала книжку с картинками, которую давно ещё купила ей мать. Она её рассматривала каждый день, потому что другой книги у неё не было, водила пальцем по буквам, как будто читала.

☞ листать (페이지를)넘기다/ водить 《조》《по+여》 [..로] [..를] 쓰다듬다, 어루만지다/ палец 손가락; 발가락/ как будто 마치 ..듯이

▶ Я вспоминал зелёный холм около реки, мне казалось, что если бы она сидела рядом и молчала вместе со мной, то не было бы на земле человека счастливее меня. А ещё я вспоминал ночи: тихие, тёплые, лунные.

▶ В Московском хореографическом училище я занимался с каким-то отчаянным упорством. Стоит ли говорить, что не было человека в нашем выпуске, который бы не мечтал попасть в Большой театр. Но меня отправили в Ригу.

☞ хореографическое училище 무용학교/ с отчаянным упорством 무모할 만큼 집요하게/ выпуск 졸업생/ Рига 라트비아공화국의 수도

▶ Российское общество разделилось на две неравные части: бедных и богатых. Среднего класса — основы стабильности общества — в России до сих пор практически нет. Почему почти половина населения находится за чертой бедности? Людям постоянно говорят: как работаете, так и живёте. Да и производительность труда в России ниже, чем, скажем, в Америке. Но, по мнению академика Д. Львова, зарплата в России безобразно мала даже по отношению к низкой производительности труда. Российский человек получает лишь 20% от заработанного. У людей нет стимула к труду. Медицинская сестра, например, на свою зарплату может купить лишь месячный проездной билет.

☞ разделиться ≪на+대≫ [..로]나뉘다/ средний класс 중산층/ за чертой ≪속≫ [..의]경계 밖에/ да и 그렇지만/ производительность труда 노동생산성/ скажем <삽입어> 말하자면/ по мнению ≪속≫ [..의]의견에 따르면/ по отношению ≪к+여≫ [..에]대하여/ заработанное (노동을 하여)벌은 것(수입)/ стимул ≪к+여≫ [..에 대한]자극/ на свою зарплату 자신의 급여로/ проездной билет 승차권

무인칭동사

▶ Потапов пошёл через город, к реке. Над ней висело сизое небо. Между небом и землёй наискось летел редкий снежок. По дороге ходили птицы. Темнело. Ветер дул с того берега, из лесов, выдували с глаз слёзы.

☞ наискось 비스듬히, 기웃이/ редкий снежок 성긴 눈/ выдувать 불어 날리다

▶ Приближалась осень, и в старом саду было тихо, грустно, и на аллеях лежали тёмные листья. Уже рано смеркалось.

▶ Они вместе вышли на крыльцо. Вечерело. Шёл дождь. Было сыро и пасмурно.

☞ крыльцо (계단이 붙어있는)바깥 현관/ сыро (날씨가)습하다/ пасмурно (날씨가)흐리다, 음산하다

▶ Была грустная августовская ночь,— грустная потому, что уже пахло осенью.

☞ пахнуть <無人稱>≪조≫ [..가]느껴지다

▶ И лучший способ начать неформальную беседу — это спросить: <А что вы сейчас читаете?> Возможно, в ответ вы услышите какое-то неизвестное название, но зато получите совет, стоит это читать или не стоит. А затем беседа сама собой перейдёт к литературе вашей страны, которую у нас в России наверняка переводят и знают, а потом к тем русским писателям, произведения которых вы читали пусть на своём родном языке.

☞ возможно <삽입어> 아마(도), 혹시/ в ответ 대답으로/ зато 그 대신에/ стоить <無人動> ≪不定形≫ [..할]가치가 있다/ сам собой 자연스럽게/ перейти ≪к+여≫ [..로]옮겨가다/ пусть 비록 ..(할지)라도/ родной язык 母語

▶ На первом этаже находится администратор, который вчера за ужином Марина напоминала мне: — скоро Новый год. До праздника осталось всего две недели. Пора подумать о подарках. Если мы хотим купить вещи по вкусу, <u>следует</u> сделать это сейчас, за две недели до праздника, потому что перед самым Новым годом у нас будет много дел.

☞ всего(=только) 겨우/ по вкусу 취향에 맞게/ следовать <無人稱> ≪不定形≫ ..하지 않으면 안 된다/ самый 바로

▶ Когда мы приехали, администратор сказал нам: ≪Если вы хотите пойти или поехать на экскурсию, пойти в кино или в театр, встретиться с кем-либо из росийских учёных, писателей или общественных деятелей, вам <u>следует</u> обратиться в бюро обслуживания.≫

☞ администратор (호텔의)프런트담당자/ общественный деятель 사회활동가/ обратиться ≪в/на+대≫ (상담 · 질문 등을 가지고) [..에] 말을 걸다/ бюро обслуживания 서비스안내소

▶ Наши родители собираются отдыхать этим летом на Волге. Они уже заказали билеты на тепдоход, который идёт по маршруту Астрахань-Москва. Им <u>хочется</u> навестить те места, где родился и провёл своё детство мой отец. Теплоход идёт от Москвы до Астрахани десять суток.

☞ маршрут 여행일정, 코스/ сутки 1晝夜, 24시간

▶ Санаторий им очень понравился. Он расположен на самом берегу Балтийского моря, в большом сосновом парке. Родители так много рассказывали о Прибалтике, что и нам захотелось побывать там. Захотелось полежать на прекрасных пляжах, подышать здоровым сосновым воздухом, посмотреть старинные литовские города.

☞ дышать ≪조≫ 숨쉬다, 호흡하다/ здоровый 몸에 좋은, 건강에 유익한

▶ Наверно, мы все любили тогда своего учителя за его человечность, за его мечты о нашем будущем. Хотя мы и были детьми, мне думается, мы это тогда уже понимали.

☞ за ≪대≫ (행동의 동기 · 이유를 가리킴)..에 대하여/ человечность 인간성/ мечта 꿈, 소망/ будущее 미래/

▶ Во имя чего художник, писатель, поэт ведёт диалог со зрителям, с обществом, членом которого он является? Мне думается, что художник должен выражать внутренний мир человека через правду объективно существующего мира.

☞ во имя ≪속≫ [..을]위하여/ вести диалог 대화하다/ общество (공통의 관심사를 갖는 사람들의)모임, 단체/ внутренний 내면적/ существующий 존재하는

▶ Язык у него был острый, тем, кого он не любил, крепко доставалось. Но чаще Степан Григорьевич встречал людей с открытой душой, помогал им бескорыстно, щедро делился богатейшими знаниями о Севере.

☞ язык 말/ острый 신랄한, 가혹한/ доставаться <無人稱> ≪여≫ [..가] 단단히 혼나다/ с открытой душой ≪조≫ 편견 없이/ бескорыстно 私心없이/ щедро 너그럽게/ делиться ≪조≫ 나누다; 전하다/ Север 北極

▶ Недели 2(две) ему придётся полежать в постели. Я выпишу ему пенициллин. Вот рецепт. 2(Два) раза в день к вам будет приходить сестра и делать ему уколы. А это рецепт на лекарство от головной боли. Давайте 2 раза в день по одной таблетке. Это лекарство есть в каждой аптеке.

☞ прийтись <無人稱> ≪不定形≫ ..할 필요가 있다, 하지 않으면 안 된다/ выписать (처방전을) 써주다/ рецепт 처방전/ лекарство от головной боли 두통약/ по ≪여≫ ..씩/ таблетка 알약

▶ По приезде Третьяков сказал моему отцу: картин так много, что придётся делать новую большую пристройку. И вместе с ним выходил несколько раз в сад, чтобы наметить, где будут новые залы. Нужно было вырубать много деревьев. Жена Третьякова Вера Николаевна и дочери сильно опечалились, что сад погибнет. — Где мы будем гулять? Где будут гулять наши дети? — Спрашивала Вера Николаевна. А Павел Михайлович говорил: места хватит, надо не только о себе заботиться, но и об обществе — строить для всех москвичей и для всех русских людей.

☞ пристройка 별관/ опечалиться 슬퍼하다/ погибнуть 엉망이 되다 사라지다/ хватить <無人稱> ≪속≫ [..으로] 넉넉하다, 충분하다/ заботиться ≪o+전≫ 배려하다, 보살피다, 돌보다

▶ На генеральной репетиции я неудачно присел на ногу, охнул, сел на пол. В травматическом диспансере снимок показал трещину. Врач категорически запретил мне танцевать. Но это было совершенно невозможно. Пришлось кое-что изменить в рисунке спектакля, перенести основную нагрузку на правую ногу, левую забинтовать и ... выйти на сцену.

☞ генеральная репетиция 총연습/ неудачно 제대로 하질 못하고/ присесть 무릎을 굽히고 앉다, 주저앉다/ травматический диспансер 外傷전문병원/ категорически 단호하게/ запретить ≪여≫≪不定形≫ [..가] [..하는 것을] 금지하다/ рисунок 윤곽, 개관/ перенести 이동시키다

▶ Мы вошли в зал и осмотрелись. Все места были заняты, и только из-за одного столика в углу поднимались двое. — Нам, кажется, повезло, — сказала Марина. И мы направились туда.

☞ повезти <無人稱> ≪여≫ [..는]運이 좋다

▶ Исполнилось Алёше семь лет. Пошёл он в школу, чтобы научиться читать и писать. Школьный год ещё не кончился, а Алёша уже и читать, и писать, и считать научился. И ему надоело учиться. Читать он умеет, писать — тоже, да и числа складывать. Что же ещё?

☞ надоесть <無人稱> ≪여≫ 싫증이 나다/ складывать <수학> 합하다, 가산하다/ ещё 그 이외에, 또

▶ Я сказал, что в Байкале удаётся видеть и за сорок метров и, кажется, прибавил. Но товарищ молчал. Я понял, что он был полон впечатлениями от Байкала так, что не мог говорить об этом.

☞ удаться <無人稱> ≪여≫≪不定形≫ [..는] [..하는 것에]성공하다, ..할 수 있다/ и <강세조사> ..도/ за ≪대≫ (거리 · 간격)..떨어진 곳에/ полный ≪속/조≫[..로] 가득 차다, 사로잡히다/ впечатление 인상, 감상, 감명

▶ Новый человек — это тот, у которого происходит духовное движение и изменение, а не просто смена одежды и жилья. Такого духовного изменения не произошло с теми, кого стали называть ≪новыми русскими≫.

☞ духовный 정신적인/ движение 변동/ изменение (質的)변화

▶ Группа молодёжи из Москвы так ответила на вопрос социолога о свободном времени: 53%(процента) из них сказали, что свободного времени им не хватает, 45% ответили, что им времени на отдых хватает, а 2% считают, что его очень много. Конечно, у разных

людей количество свободного времени разное.
☞ молодёжь <집합> 젊은이/ время ≪на+대≫ ..를 위한 시간

▶ Сейчас нам очень не хватает рабочих рук и мы серьёзно думаем о более широком участии людей пенсионного возраста в трудовой деятельности — по их желанию и по возможностям, конечно.
☞ рабочие руки 複 노동력/ участие ≪в+전≫ [..에의] 참가/ трудовая деятельность 노동활동/ по ≪여≫ (의거 · 기준)..에 따라/ возможности 複 능력

동사不定法

▶ Субботний и воскресный отдых планируется заранее: молодые люди обсуждают, по какому маршруту отправиться в туристический поход, а если погода стоит неважная, встаёт вопрос, где собраться потанцевать; домоседы планируют работы по дому, которыми они намерены заняться; супружеские пары беседуют на тему, не пойти ли им в воскресенье в театр.
☞ туристический поход 단체투어/ домосед 집에 있기만을 좋아하는 사람/ по ≪여≫ (활동영역)..의/ намерен <술어> ≪不定形≫..할 생각 · 의향이다/ супружеский 夫婦의

▶ Я написал письмо папе: «Папа, что мне делать? Я не верю в бога. Его нет». Папа говорил со мной. Успокоил. Говорил, что он тоже не верит в бога, но это его совсем не огорчает. Надо не о боге думать, а о людях. Людей жалеть. А как жалеть? Как надо жить?
☞ верить ≪в+대≫ [..의 존재를]믿다, 확신하다/ огорчать 슬프게 하다/ жалеть 불쌍히 여기다, 동정하다

▶ Третьяков был зкаком со всеми художниками и старался не пропустить ни одного хорошего произведения. Перед выставкой он объезжал мастерские художников, намечал, что купить. А за день до открытия выставки покупал всё, что было на ней интересного.

☞ знакомый ≪с+조≫ [..와]아는 사이의, 면식이 있는/ пропустить 빼놓다/ произведение 작품/ мастерские 複 아틀리에, 工房/ намечать 표지(標識)를 붙이다

▶ Когда я закончил(выступление), мои зрители — актёры брянцевского театра — так закричали, что я не знал, куда деваться от счастья.

☞ выступление 연기/ так.., что_ 너무 ..하여, _하다/ деваться 없어지다, 몸을 숨기다

否定대명사 · 부사+동사不定法

▶ Под вывеской ≪Аптека≫ у нас можно купить только лекарства: если вы хотите выпить кофе и съесть бутерброд, в аптеке вам делать нечего.

▶ Я сел за стол у распахнутого окошка, подвинул к себе листок и оттого, что мне нечего было делать, взялся сочинять стихи.

☞ распахнутый 활짝 열린/ листок 종이/ оттого, что ..하기 때문에, ..한 까닭에/ взяться ≪不定形≫ [..에]착수하다, 시작하다

▶ Наступала уже холодная осенняя ночь; вокзал был разрушен в войну, ночевать было негде, и Иванов вернулся на попутной машине обратно в час.

☞ разрушенный 파괴된/ попутный 같은 방향으로 가는

▶ Гостей(приехавших в Москву во время летних отпусков) становится больше, ну а москвичей — в половину меньше. Некому позвонить, не с кем встретиться. Все наши знакомые отправились отдыхать.

▶ Преподаватель-женщина для них непривычно. В классе хаос и гвалт. Чувствую себя так, будто сражаюсь на баррикадах. По ту сторону 24 человека, на этой стороне — я одна. Беру в руки указку, и вдруг словно по мгновению волшебной палочки в классе воцаряется тишина. Не пойму, в чём дело, но раздумывать некогда и, пользуясь паузой, пишу на доске алфавит, призывая их переписывать буквы в тетрадь.

☞ хаос 무질서/ гвалт 아우성/ будто 마치 ..듯이/ сражаться на баррикадах 바리케이드를 두고 싸우다/ словно ..하는 듯이/ по мгновению волшебной палочки 돌연히, 급작스럽게/ пауза 잠깐 사이

▶ Но даже в показательном колхозе недалеко от столицы жалуются на нехватку топлива. Нечем заправлять трактора, и людей не хватает. Тем не менее, колхозники приняли повышенные обязательства — собрать с каждого гектора не пять с половиной, а семь тонн риса.

☞ показательный колхоз 모델·모범집단농장/ жаловаться ≪на+대≫ [..에 관하여]불평·불만을 말하다/ заправлять (기계 등의 사용을 위하여) 정비하다; 給油하다/ тем не менее 그럼에도 불구하고/ принять обязательство 의무를 떠맡다

피동형동사단어미 중성형

▶ Разумеется, приезжать раньше времени не стоит: это, пожалуй, нигде не принято. С другой стороны, не надо стремиться быть особенно точным: жизненная практика показывает, что как раз к моменту прихода гостей у хозяйки далеко не всё готово.

☞ разумеется <삽입어> 물론/ с другой стороны 다른 한편으로는/ жизненная практика 생활경험/ как раз 정확히/ далеко не 결코 ..은 아니다

▶ На Западе бытует теория, с моей точки зрения, пагубная, что существует искусство элитарное и искусство для народа, а все непонятное объясняется незнанием, необразованностью. ≪Через сто лет поймут≫, — говорят сторонники этой теории. Но почему же все современники понимали Рафаэля, Сурикова, Леонардо да Винчи? Почему, когда умер Пушкин, было сказано, что закатилось солнце русской поэзии? Мне думается, искусство должно быть понятно всем.

☞ Запад 서양, 西歐/ точка зрения 시점, 관점, 입장/ народ 대중, 서민/ объясняться ≪조≫ [..으로]설명 · 해명되다/ незнание 無知, 無識/ необразованность 無學, 무교양/ современник 오늘날의 사람, 현대인

▶ Когда было объявлено об этом состязании, никто в городе не сомневался, что победителем будет известный всему миру старый художник. И только он сам сомневался в своей победе, потому что знал силу таланта одного своего ученика, молодого художника.

☞ состязание 경쟁/ известный ≪여≫ [..에게]알려져 있는/ сомневаться ≪в+전≫ [..을]의심하다

▶ Это случилось на севере, в Якутии. Был уже вечер, когда Сергей нашёл наконец машину, которая ехала в Марху. Около небольшого дома стояла грузовая машина, на которой было написано ≪Геологическая≫. Был сильный мороз. Сергей долго ходил около машины, ждал шофёра. Наконец из дома, смеясь и разговаривая, вышли два молодых парня.